디지털
폭식
사회

디지털
폭식
사회

기술은 어떻게
우리 사회를
잠식하는가?

이광석 지음

프롤로그
별점, 평점, 주목
사회

피지털 효과

나는 '피지털phygital'이라는 용어를 의도적으로 꽤 많이 사용했다. 피지털은 '피지컬physical(물질)'과 '디지털 digital(비물질)'이 합성된 신조어다. 이는 디지털과 물리적인 것의 혼합 경험을 설명하기 위해 광고와 마케팅 분야에서 처음 사용되었다. 오늘날 피지털 개념은 이보다 훨씬 더광의의 의미로 쓰인다. 나는 피지털을 플랫폼 앱처럼 디지털 세계의 기술 장치가 물질계의 지형과 배치를 좌우하는신기술 과밀도 현상을 지칭하기 위해 썼다.

4 ——

오늘날 피지털의 면모를 되짚어보자. 소비자들은 개인 스마트 앱smart app을 갖고 사람과 사물에 대한 호불호를 별점, 좋아요, 댓글 등으로 가치를 매기기 시작했다. 현대인들의 온라인 평점은 누군가의 신용과 실물 자산의 가치 등락에 영향을 미칠 정도다. 당연히 소비자들이 각자 개별적으로 매긴 별점들에 상인들은 긴장할 수밖에 없다. 상인들은 온라인 평판에 민감하게 반응하며 서비스 개선을 모색한다. 여럿이 함께 매긴 별점과 평점의 합이 타인에게 위력을 발휘하는 '평점 사회'의 등장을 부추긴다. 이것이 피지털 효과다.

'평점 사회'의 바탕은 이른바 플랫폼 기업들에 의해 주로 구축된다. 플랫폼은 데이터, 영상, 배달, 돌봄, 아르바이트(시간제 노동), 자동차, 잠자리 등 유무형 자원의 거래가 이루어지는 분주한 온라인 정거장과 같다. 우리가 일상에서 사용하는 스마트폰 앱들이 이를 돕는 플랫폼 장치 노릇을 한다. 플랫폼은 물질 자원의 중개는 물론이고, 정보와 데이터 등 비물질 자원과 지적 상품을 생산하고 매개하고 소비하도록 돕는다. 플랫폼 사업자는 물질·비물질 시장 자원을 둘러싼 여럿의 공급자와 소비자를 서로 연결해 자원 탐색에 소요되는 마찰 비용과 거래 비용을 낮춰주는 대가로 중개 수익을 취하는 일종의 '거간꾼' 구실을 해왔다.

플랫폼의 장점은 흩어져 있는 자원 공급자를 묶어

실수요자가 현명한 시장 선택을 하도록 이끄는 데 있다. 플랫폼 장치는 경제 행위자들 사이의 자원 교환의 효율성을 드높인 물류 병참학(로지스틱스logistics)에 기여해왔다. 플랫폼 업계는 효율적인 유무형 자원 중개에 대한 수수료로 막대한 수익을 취하고, 더 나아가 서비스 영역에서 신생의 불완전 노동시장을 만들어내며 유연 근무와 고용 창출 효과를 내기도 한다. 그 여파로 불과 수년 만에 이미 우리 곁에 플랫폼 시장과 노동은 흔하게 발견되는 일상의 풍경이 되었다.

피지털, 플랫폼의 새로운 권력장

문제는 플랫폼이 권력이 되는 순간이다. 바로 인간의 시장 활동, 자원 정보의 실시간 파악과 수요·공급 매칭, 데이터 알고리즘 예측을 통해 플랫폼의 중개 능력을 극대화하려고 할 때 플랫폼은 자기모순에 처한다. 이를테면, 플랫폼에 매달린 이용자의 일상 활동은 수시로 감지되어 데이터로 쉽게 치환되고 각자의 취향은 알고리즘 분류 처리를 통해 미래 구매력 예측 지표로 쓰인다. 아이러니하게도 플랫폼은 소비자·노동자·시민 데이터의 수집과 감시 없이는 그것의 제 기능이 작동 불가한 '기생 자본주의'의 전

형을 보인다.

　불행히도 최근까지 국내 플랫폼 기업들은 기술이나 조직 혁신보다는 시장 '주목'과 점유율 확보를 위해 가격 할인, 공짜 프로모션, 유명 연예인 광고 등 공격적인 자금 소진 전략을 취해왔다. 게다가 이들은 시장 독점력을 얻는 순간 기존의 시장 독과점 기업과 별반 다르지 않게 행동해왔다. 가령, 고용 책임을 회피하기 위해 플랫폼 노동자를 개인 사업자로 만들어 외주화하거나, 플랫폼 기업이 골목 상권까지 접수하는 과도한 시장 욕망을 보이거나, 플랫폼 알고리즘 순위 조작을 통해 자체 브랜드 노출을 높이는 불공정 행위를 하거나, 인공지능AI 알고리즘을 통해 은밀한 방식으로 노동 통제를 수행하는 등 전근대적인 사업 관행을 보였다.

　내가 굳이 '메타버스'를 놔두고 '피지털 플랫폼' 개념을 강조하는 것은 가상의 이들 플랫폼 자본이 우리의 현실 감각을 주도하면서 새로운 통제 권력으로 등장하기 때문이다. 플랫폼 기업들이 주도하는 '평점 사회'에는 나름의 이점이 있지만, 날이 갈수록 디지털 플랫폼은 우리 현실 속에 디지털 '독성'의 그림자를 짙게 드리우고 있다. 가령, 영세 상점과 식당에 오른 배달 앱 리뷰로 인해 가게 매출이 휘청거리는 일이 흔해졌다. 조회수와 인증 사진 등 주목 효과만으로 쉽게 호객이 이루어지고, 때로는 이로 인해 어떤 지역에는 젠트리피케이션 효과까지 유발한다.

별점과 댓글은 현실 플랫폼 노동의 질까지 바꾸고 있다. 플랫폼 앱은 이미 전통적인 고용 계약 관계를 해체하고, 많은 사람을 위태로운 프리랜서 노동자의 지위로 내몰고 있다. 배달·택배 노동, 가사와 돌봄 노동 등 단기 서비스 노동자들의 생존은 주로 고객들이 매긴 별점에 따라 쉽게 좌우된다. 여기서 고객 별점과 평점은 노동자의 일자리를 쥐락펴락하는 인사고과 지표처럼 기능한다. 소비자들은 자신이 의도하건 아니건 플랫폼 노동자들의 노동 수행성에 별점을 매기며 중간 인사 관리자가 되고, 노동자들은 그 '별점 노동'의 족쇄에서 벗어나기 어려워진다.

플랫폼은 일종의 범용 기술 장치로 등극했다. 스마트폰의 작은 화면 속 앱들이 우리 주위 사물의 질서를 조정하는 원격장치가 되어간다. 무엇보다 코로나19 바이러스 재난 상황에서 비대면 '언택트untact(비접촉)' 관계를 강조하면서, 대부분 시민은 집에서 엔터테인먼트 콘텐츠를 체험하고, 상대적으로 안전한 플랫폼 배달 서비스를 이용하는 데 익숙해지고 있다. 코로나19 충격으로 플랫폼의 영향력은 더욱더 깊어졌다. 온라인을 매개한 상품 서비스 구매와 콘텐츠 소비와 비대면 소통이 크게 늘고 익숙해진 까닭이다. 기후 재난과 감염병이 우리의 일상이 된 '뉴노멀new normal' 상황에서, 인간의 물리적인 접촉을 플랫폼 앱이 대신하는 '언택트 경제' 논리가 더 탄력을 받을 것이다.

비대면 현실에서 가상 플랫폼을 매개해 다수의 이용자가 평판을 생성하는 방식은 소비자들의 미래 선택을 돕는 꽤 합리적인 전산 통계학처럼 보인다. 하지만, 많은 현대인은 뒷광고, 평판 조작, 댓글 부대, 가짜뉴스 등에 의해 실물의 평판 측정이 이미 심각하게 오염되어 있다는 점을 인지하면서도 매번 잊는다. 더 근원적인 문제는 이용자 클릭으로 만들어진 순위, 점수, 별점이라는 것 또한 외부 물질세계에 대해 임의 추산되거나 조작된 근거 없는 단서일 수 있다는 점이다.

디지털 기술의 독성

오늘날 플랫폼의 문제는 그것이 시장을 넘어서 사회와 정치에 영향력을 미치는 데 있다. 한 사회의 가치와 질서가 갈수록 플랫폼이 선사하는 좋아요, 순위, 추천, 주목, 평판에 의지해 이루어지고 있다. 이른바 '평점 사회'는 플랫폼 기업이 만들어낸 우리 사회의 특징적 국면이 되었다. 지도 위 별점이 영세업자의 생존을 좌우하고, 공유 택시의 배차 알고리즘이 기사의 노동 방식을 길들이고, 플랫폼 알고리즘이 사회의 편견을 확대 재생산하면서 혐오와 적대의 정치문화를 배양하고, 소비자 손끝의 평점과 댓글이 플랫폼 노동 수행성의 척도로 쓰이면서 '산노동'을 제공하는 이들에게 플랫폼의 별점이 비수로 꽂히기도 한다.

플랫폼 권력은 인간 사회에만 머물러 있지 않다. 오늘날 디지털 기술의 반反생태적 본질을 극적으로 감추고 있는 곳은 자연 수탈이 벌어지는 희귀금속 채굴 현장이다. 가령, 플랫폼 기술의 독성은 '위태로운' 산노동과 지능기계의 알고리즘 통제로도 드러나지만, 희귀금속 채굴에서도 특징적이다. 즉, '저렴한 자연' 파괴의 극한 채굴주의와 IT 성장 숭배의 공모 과정에서도 반생태적인 독성을 극적으로 드러낸다.

빅테크BigTech(거대 IT 기업)의 사회적 확장 능력에 동원되는 첨단 신기술 장치(알고리즘, 플랫폼, 인공지능 자동화, 소셜네트워크 등을 담는 스마트 기기와 저장 장비)는 오늘날 자연 생태계에 더 심각한 독성을 일으킨다. 이들은 우리에게 청정의 해가 없는 디지털 신기술로 주목받고 무형의 산물로만 포장되었다. 하지만, 이들 스마트 기술 장비를 생산하는 데 쓰이는 희귀금속을 채집하기 위해서는 수없이 많은 희토류의 광산 채굴과 화학적인 제련 과정이 필요하다. 애초에 희귀금속을 채굴하는 일은 청정의 에너지 생산과는 거리가 멀다고 볼 수 있다. "중금속 찌꺼기, 산성비, 오염된 폐수 등을 모두 수반하는 환경 파괴 종합 세트에 가깝다."[1]

더구나 한국과 같은 스마트 기술 상품의 소비가 극에 달한 국가에서는 그것의 더 빨라진 폐기 과정과 계획적 노후화를 살펴야 한다. 이로 인해 IT 쓰레기는 과거와 비교하면 더 천문학적인 규모로 늘어나고, 그에 비례해 희귀금속의 채굴로 인한 자연환경 파괴와 피폐화는 더욱 심해진다. 아직 신재생 대체 에너지원이 마련되지 않은 한국은 디지털 활동이 전면화할수록 화석 원료에 기댄 탄소 배출로 인해 폐열廢熱은 더욱 증가할 수밖에 없다. 디지털 기술 독성의 악무한惡無限 문제가 제기되는 것이다. 생명의 인공화를 재촉하는 과학기술을 지구 생태에 조응하는 관계로 어떻게 바꿔낼 수 있을 것인지가 심각한 과제로 떠오른다. 물론 이들 자연-사회 생태를 가로지르는 디지털 독성에 대한 우리 사회의 관심은 기술 폭식에 가려져 희미한 상태다.

디지털 기술 폭식 현상의 가속화

이 책은 무엇보다 현재 장기화하고 있는 코로나19 충격과 '피지털 플랫폼' 질서가 우리 사회의 '기술 폭식' 현상을 가속화한다고 본다. 어찌 보면 '기술 폭식 사회'는 우리 삶을 파고드는 기술만능주의와 그 기술 효과가 미치는 독성과 폭력성을 경계하기 위한 다소 자극적인 용어일

수 있다. 그런데도 이 '기술 폭식 사회'론을 사용하는 근거
는 다음과 같다.

첫째, 폭식은 채워도 쉽사리 포만감을 얻을 수 없는
데 주로 욕구 불만과 욕망 과다에서 유발된다. 기술 폭식은
자본주의 기업 욕망을 상징하기도 하고, 그 욕망의 대리인
이 된 우리 기술 소비 욕망의 과열 양상을 드러낸다는 점에
서 의의를 지닌다.

둘째, 폭식은 자기 조절의 한계를 넘어 넘치는 행위
다. 기술에 힘입은 성장과 발전에 대한 지나친 강박은 우리
사회의 공생 기제를 소외하게 만든 동인動因이 되고 있다.
무엇보다 과거 한국 경제의 압축 성장에 동원되었던 산업
기술의 도구적인 효능 경험이 현재 디지털 기술의 폭식으
로 반성 없이 이어지고 있다고 유추할 수 있다.

셋째, 폭식이 체내에 독소를 남기듯 신기술은 때로
이롭기도 하지만 자연-사회 생태에 기술 '독성'의 상흔을
넓고 깊게 남긴다. 그것은 생명에는 파괴와 죽임을, 사회관
계에는 위기와 소외를 양산한다. 특히 우리의 환경·정치·
경제·사회·노동 조건이 퇴행할 때 그 독성의 피해는 고스
란히 생명 약자에게 전가되는 경향이 크다. 우리 사회에서
가시적·비가시적 독성은 전근대적인 노동문화와 결합한
플랫폼 알고리즘 노동 통제나 반도체와 액정 디스플레이
LCD 독성에 노출된 노동자의 희귀질환 재해 등에서 관찰

되는 것처럼 그 사례가 물질과 비물질 경계를 넘나든다.

　마지막으로, 폭식은 먹는 것이 목적이 되면 어떤 내용물을 목구멍으로 넘기는지 그 스스로 사태를 파악하지 않게 된다. 이와 유사하게 오늘날 빅테크의 사유화된 기술을 성찰 없이 마구 들이켜면 그것이 우리 사회의 집단 기술 욕망으로 쉽게 전이되며 만들어내는 문제 지점들에 무심해진다. 이럴 때 사회 내 신기술의 수용과 전개는 숙명일 뿐 선택이나 변경의 문제로 받아들여지지 않는다. 이렇듯 기술 폭식은 우리 사회의 기술에 대한 합리적 이성이나 판단이 거의 사라진 이상 기류 속에서 관찰된다.

　'기술 폭식 사회'는 적어도 이 4가지 근거나 특징을 골고루 갖추고 있을 때 명명될 수 있다. 나는 한국 사회가 기술 폭식의 특징들을 가장 극단의 스펙터클한 방식으로 펼쳐내고 있다고 본다. 그래서 이 책은 동시대 기술 교양에 관심이 있는 일반 독자에게는 물론이고, 인간의 과신과 오만이 묻어 있는 기술 처방이나 사회문제의 만능 해결책으로서 기술을 여기는 우리 사회의 발전주의적 세계관을 비판적으로 해부하고자 하는 독자에게 권하고 싶다.

디지털 기술은 만능 해결사인가?

이 책은 언제부터인지 우리 사회의 경제성장과 삶의 편리를 위한 만능 해결사가 된 첨단기술의 기이한 지위에 대한 비판적 독해를 목적으로 한다. 또 기술에 관대해지고 심지어 성찰 없이 신기술을 폭식하는 우리 사회의 과잉 경향을 특징적 사례들을 통해 포착하려고 한다. 가령, 정부 단독의 폭주형 디지털 정책 프로젝트, 첨단 스마트 도시 모델과 시민 데이터 오남용, 플랫폼 기업들의 전근대적인 노동문화와 결합한 알고리즘 노동 통제, 인공지능의 혐오와 편향의 재생산, 메타버스와 가상 자산 시장의 이상 과열 현상, 첨단기술 감시형 방역 모델, 비가시화된 디지털의 환경 독성 문제 등을 다룬다. 이 책은 이 특징적인 사례들의 관찰을 통해 우리 사회에 첨단기술의 폭식 과정에서 불거진 반생태적인 면모를 밝히고, 좀더 공생·호혜에 기반을 둔 기술 대안을 도모하는 데 목적을 둔다.

제1장은 최근 우리 사회를 달구었던 몇 가지 기술문화 현상에 대한 비판적 해석을 담고 있다. 그 사례로, 코로나19 충격과 비대면 환경이 강화되면서 형성된 메타버스와 아바타 문화 경제의 탄생, 미술계 가상 자산 투기와 맞물린 NFT(대체불가토큰) 현상, 음성 기반형 소셜미디어 서비스 '클럽하우스' 열풍과 쇠락, 인공지능 챗봇 이루다

의 혐오 논란과 개인 데이터 오남용을 다룬다. 무엇보다 이들 문화예술계 이상 현상의 밑바닥에 빅테크가 주도하는 플랫폼의 권력 질서가 놓여 있음을 강조한다.

제2장은 인공지능 자동화와 노동의 문제를 다룬다. 한국 사회에서 불고 있는 인공지능 기술에 대한 과도한 기대나 욕망과 달리, 실제 그것의 쓰임은 그리 환호할 만한 것이 아님을 지적한다. 특히 국내 지능기술 매개형 노동환경의 취약성을 통해 이를 드러낸다. 우리 현실에서 인공지능은 '노동의 종말'이나 생산력 해방과 달리 '유령·크라우드·임시직(기그gig) 노동' 등 기술 예속형 임시직 일자리를 무한 증식하고 있음을 강조한다. 그 외에도 경기도 판교의 하이테크 환경에 가려진 전근대적인 노동 착취 문화, 정교해져가는 플랫폼 알고리즘 노동 통제, 전기차 노동시장의 비정규직 하청 노동자화 등을 통해 국내 기술 리얼리즘의 현장을 상세히 살핀다.

제3장은 플랫폼 공룡인 카카오의 먹통 사태로 시작한다. 이 사태는 카카오의 시장 확장 욕망과 정부의 데이터 시장 부양론이 함께 만든 비극적 사건이다. 이어서 우리 사회 기술 강박에서 출발한 국가의 중장기 기술 정책에 대한 비판적 평가에 집중한다. 무엇보다 '한국형 뉴딜', '스마트시티', '도시 환경 정비' 등의 국가 기술 정책 점검을 통해, 우리 사회의 디지털 전환 과제가 제대로 작동하며 정말 유

효한지를 되묻는다. 무엇보다 시민들의 일상 삶 활동에서 무작위로 포획한 데이터를 사유화하는 '데이터 기업 활용론'이 '데이터 보호론'을 노골적으로 지워버리면서 시민의 데이터 인권을 내팽개친 오늘날 공공 정책의 부재 현실을 비판한다. 이는 또 다른 혹은 더 큰 파장을 지닌 카카오 사태가 지속해 발생할 수 있는 여지를 남긴다. 또 기후 위기 국면 우리 사회의 '대전환'은 기술을 도구화한 성장 숭배가 아니라 생태주의적 미래를 마련하는 것임을 강조한다.

제4장은 코로나19 팬데믹이 우리 사회에 미친 기술 만능주의의 여파에 관한 고찰이다. 특히 기술 과잉이 만들어낸 통제 사회의 형성에 대해 우려감을 표하고 있다. 안전과 방역이 중심이 되면서 추적 기술에 기댄 효율적 바이러스 방역 체제의 탄생, 더 나아가 비대면 청정 사회의 요구로 인한 '언택트 경제'와 비대면 소통 방식의 확대를 우려한다. 우리 사회가 그동안 기술 효율과 편리를 얻은 대신 정작 중요한 것들을 놓치고 있다. 즉, 방역 상황에서도 대면 노동을 수행하는 필수 노동자의 노동권, 돌봄과 지원 등 '사회적 백신'이 필요한 생명 약자의 방치, 무엇보다 물리적 대면 소통을 통해 쌓아왔던 호혜의 공통 감각과 관계의 소멸 상황에 크게 무심했음을 지적한다.

제5장은 우리 사회의 기술 폭식 현상에 맞서 기술 대안의 상상력을 어떻게 모색할 수 있을 것인지에 대한 근원

적인 질문을 던지고 있다. 구체적으로, 우리 사회 디지털 기술 폭식과 정치 공론장 위기의 일그러진 단면과 지층을 드러내고, 빅테크 자본의 인클로저 질서에 맞서 시민들이 협력해 자율적으로 구성할 수 있는 기술민주주의의 지향점을 제시한다.

에필로그에서는 기술 폭식으로 인해 생긴 자연-사회 생태계의 기술 독성을 분해할 공생 기술(사회)과 생태 기술(자연)을 목표로 하는 좀더 구체적인 아래로부터의 대안 운동을 제시한다. 그것이 기후 위기 국면에서 소위 '기술정치학'을 시작하는 첫걸음임을 강조한다.

이 책은 2020년에 출간된 『디지털의 배신』의 교양서 연작이라고 할 수 있다. 두 책이 많은 부분 주제 범위를 공유하고 있지만, 이번 책은 좀더 한국 사회의 총체적인 위기를 부르는 디지털 기술의 '독성' 문제를 다층적인 사례를 갖고 다루려고 했다. 이 책이 한국 사회의 기술 '선도 국가'나 '패권 국가'의 반성 없는 폭주를 조금은 거리감을 두고 차분히 바라볼 수 있는 계기가 되기를 바란다.

2022년 11월

이광석

차례

제2장 인공지능 자동화와 노동의 미래

노동의 소멸과 '하류 노동'의 무한 증식

알고리즘의 무자비성과 노동 인권의 실종

택배상자 손잡이 구멍과 약자의 기술정치학

모터에 실려올 미래와 정의로운 전환

제3장 성장 강박과 지속가능한 기술 환경

플랫폼 공룡, 카카오의 그림자

제4장   코로나19 팬데믹과 생태 위기

제1장

메타버스 플랫폼
질서의 탄생

현실을 무너뜨리는
메타버스와
아바타

사이버공간 독립선언문

"산업 세계의 정권들, 너 살덩이와 쇳덩이의 지겨운 괴물아. 우리는 희망의 새 고향, 사이버공간에서 왔노라. 미래의 이름으로 너 과거의 망령에게 명하노니 우리를 건드리지 마라. 너희는 환영받지 못한다. 네게는 우리의 영토를 통치할 권한이 없다."[2]

격동의 20세기를 다룬 시대 선언들 중 명문으로 기록될 만한 「사이버공간 독립선언문」의 첫 대목이다. 인터넷은 냉전 시대에 구소련의 가상 핵 공격을 대비하기 위해 미국에서 미사일 방어 체제의 하나인 군사 통신기술용으로 개발되었다. 그 목적은 군사용 개발이었지만, 한동안 인터넷은 지구촌 연구자들 사이에서 민간 지식을 교류하는 의식의 네트워크로 쓰였다. 그리고 누구나 익명성에 기대어 서로의 관심사와 정치적 식견을 나누게 되면서, 인터넷은 가상 공동체와 민주주의의 실험장에 가까워졌다.

그도 잠시, 1990년대 중반에 이르러서는 닷컴기업들이 주도권을 쥐면서 인터넷의 상호 호혜 관계의 특징들이 빠르게 사라졌다. 많은 사람은 실망했다. 왜냐하면 인터넷에서는 누구든 마음만 먹으면 무엇이든 가능하고 뜻이 맞는 이들과 함께할 수 있고 국가 권력과 기업의 탐욕에서 자유로운 가상의 해방구를 만들 수 있다고 믿었던 까닭이다. 「사이버공간 독립선언문」은 바로 그즈음 인터넷 이상주의자들에 의해 작성되어 배포되었다. 이는 자본 욕망과 국가 통제의 "지겨운 괴물"에 맞서 인터넷을 해방구로 믿고 지키려 했던 기술이상주의자들의 마지막 경고이자 절규였다.

안타깝게도 당시 저항은 미력했고 외면당했다. 대부분 투항했고, 일부는 후일 정보 운동에 투신했다. 그들의 절규에 아랑곳없이, 곧장 닷컴 시대가 활짝 열렸다. '사이버공간'은 차츰 인터넷의 옛말이 되었다. 수십 년이 지난 지금 인터넷은 이제 '메타버스'라는 새 입간판을 달았다.

그간 '거울 세계', '혼합 현실', '세컨드 라이프' 등 유사 개념들도 있었지만 별 흥행을 거두지 못했다. 바야흐로 '메타버스'가 이들을 흡수하는 가장 강력한 업계 용어가 되고 있다.

사이버공간과 메타버스

메타버스metaverse는 초월(메타meta)과 세계(유니버스universe)가 합쳐진, 말뜻 그대로 3차원 초월의 가상세계를 뜻한다. 닐 스티븐슨Neal Stephenson이 1992년에 쓴 SF소설『스노 크래시Snow Crash』에서 처음 이 말이 사용되었다. 사이버공간은 1984년 윌리엄 깁슨William Gibson의 소설『뉴로맨서Neuromancer』에서 대중적으로 알려지기 시작했다. 그리고 사이버공간과 메타버스는 탄생 배경에서 흡사하다. 하지만 유의해야 할 점은 사이버공간이 물리적 현실의 한계를 초월한 은유의 세계로 상상되었다면, 메타버스는 현실 속 가상세계의 구현으로 욕망된다는 데 있다.

사이버공간과 메타버스는 실제 무엇이 다른 것일까? 우선 인터넷 기술에 대한 강조의 차이가 보인다. 사이버공간은 가상 인공물 재현의 실감 효과보다는 인터넷 초기 특성인 상호 연결된 컴퓨터 네트워크처럼 인간들의 자유로운 소통과 평평한 관계를 강조한다. 달리 말해 자유로운 의식들의 범지구적 소통 공간으로서 관계성이 우선한다. 반면 메타버스에서는 흔히 강조되듯 물리적으로 방대한 데이터 저장, 실시간 처리 기술, 3차원 그래픽 기술과 혼합 현실 기술이 언급된다. 전통적인 익명의 평등한 연결과 관계보다는 현실 같은 가상의 실재감에 더 무게가 쏠린다. 사람보다 더 사람 같아 보이는 '디지털 휴먼' 아바타(가상 캐릭터)를 개발하려고 하는 것처럼, 실재하는 현실과 인공 축조된 가상의 감각 차이를 무너뜨리는 기술 특성을 강조한다.

디지털 감각의 차이도 존재한다. 사이버공간의 은유가 흥행하던 시절에는 물질계 논리가 디지털계로 확장하려는 힘이 강했다. 중심축은 발 딛고 서 있는 현실 논리다. 자연스레 현실 사회의 특징과 권력 관계가 인터넷 공간에 주로 모사되거나 복제되었다. 반면 메타버스 시대에 오면, 물질과 디지털이 서로 영향을 주고받는 관계에 놓이거나 때로는 한데 뒤섞인다. 메타버스에서는 종종 신생의 디지털 논리가 현실에 영향력을 미친다.

가령, 메타버스 플랫폼에서는 각자 아바타를 만들어 가상 사무실에 출근하고 일하고 회의하고 강의하고 업무를 처리하는 일이 흔하다. 아바타 활동은 더는 우리가 알던 단순 게임이나 놀이로 그치지 않는다. 가상의 놀이와 활동

은 그 자체 현실의 일을 대신하거나 일의 방식이나 속성을
바꾸는 등 실제적인 구속력을 갖는다. 즉, 사이버공간은 현
실에 미치는 디지털의 반작용이 미미했던 반면, 메타버스
에서는 우리의 가상 활동이 우리 현실의 효과로 직접 연결
되고 혼합된다.

메타버스 비즈니스의 탄생

사이버공간과 메타버스의 운영 주체도 다르다. 메
타버스를 주도하는 이들은 주로 빅테크와 문화산업이다.
역사적으로 이들은 개방된 사이버공간을 무단 점유해 사
유화했던, 이른바 '인클로저enclosure'의 장본인이자 후예
다. 13세기 유럽에서 가진 것 없던 영국 농민들이 나눠 경
작하던 농경지(공유지)를 그 땅의 재산권 소유자인 지주들
이 대규모 목축업을 위해 몰수했던 역사적 사건을 우리는
보통 '인클로저'라고 칭한다. 메타버스는 닷컴기업이 또다
시 창작과 문화의 공유 공간을 사적인 이윤의 전쟁터로 만
들려는 또 다른 '인클로저' 현실로 볼 수 있다. 빅테크와 문
화산업은 메타버스를 가상의 증강된 현실 속에서 오락·쇼
핑·사회·경제 활동을 밀접하게 연결하고 묶는 또 하나의
생활공간으로 구상하고 있다.

메타버스를 주도하는 한 축에는 빅테크 게임이 있다. 가령, 닌텐도 '동물의 숲' 게임에서 조 바이든Joe Biden 미국 대통령은 2020년 대선 시기 선거캠프를 차리고 이 공간을 유세 창구로 적극 활용했다. 코로나19 재난 상황에서 학교에 가기가 어려워진 대학생들은 마이크로소프트MS 블록 게임 '마인크래프트Minecraft' 안에 대학 캠퍼스 건축물을 재현해 최초로 가상의 졸업식을 개최했다. 물론 이제는 국내에서도 메타버스 환경에서 가상 입학식과 졸업식은 물론이고 신입생 환영회나 취업 박람회 등이 흔한 일상이 되었다.

미국 10대들의 놀이터라고 불리는 '로블록스Roblox'라는 오픈 게임 플랫폼에서는 이용자의 20퍼센트인 200만 명 정도가 이곳에 출근해 게임을 개발하고, 거래용 '로벅스Robux'라는 전용 가상통화를 만들어 게임을 사고판다. 일상의 정치, 대학, 직장이 게임과 만나 혼합되고, 게임 속 활동과 노동이 현실 삶과 연결되어 수익이 되기도 한다.

연예기획사들의 메타버스 진입 또한 진즉부터 눈에 띈다. 에픽게임즈Epic Games는 액션 슈팅 게임 '포트나이트Fortnite'에 파티 로얄Party Royale이라는 콘서트 무대를 세워 연예기획사와 함께 유명 가수들의 공연을 기획한다. 방탄소년단BTS은 이곳에서 〈다이너마이트〉 안무 버전 비디오를 전 세계 최초로 공개했다. 미국 유명 래퍼 트래비스

스콧Travis Scott의 아바타는 이곳에서 총 50분 공연으로 수천만 관객을 모으고 수백억 원의 관람 수익을 올렸다. 소셜 미디어 플랫폼 제페토Zepeto에는 걸그룹 블랙핑크 아바타들의 가상 팬 사인회에 글로벌 회원 2억 명 중 25퍼센트에 가까운 팬들이 몰리기도 했다. 네이버제트Naver Z의 제페토에는 현재 BTS를 보유한 빅히트, YG, JYP 등 국내 연예 기획사들이 주요 투자자로 줄줄이 관여하고 있다.

조금 다른 행보를 보이는 곳도 있다. SM 총괄 프로듀서 이수만은 연예산업의 미래를 인공지능 기술과 엔터테인먼트의 결합에서 보고, 그 첫 실험으로 걸그룹 '에스파'를 선보였다. 국내 최초 사이버 가수 '아담'의 순수 가상 캐릭터와 달리 에스파는 '현실 세계'에 존재하는 아이돌 멤버와 '가상세계'에 존재하는 아바타 멤버, 두 집단이 함께 음악시장에 공존한다. SM은 이 두 그룹이 함께 "현실과 가상의 중간 세계인 '디지털 세계'를 통해 소통하고 교감하며 성장해가는 스토리텔링"을 강조한다.[3] 또 다른 메타버스 아바타 세계의 구현 방식이다.

이수만은 한 인터뷰에서 인공지능과 메타버스를 인구 노령화로 인한 인구절벽 시대 문화 소비 인구의 하락을 해결할 구원투수로 본다고 주장했다.[4] 그는 문화 소비자들이 가상의 아바타를 무수히 만들어 메타버스 안에 증식하면 문화 소비 시장 규모를 이제보다 더 크게 늘릴 수 있다는 기상천외한 셈법을 가지고 있다.

메타버스의 자산 증식 욕망

사이버공간은 '독립선언'의 움직임을 일으켰지만, 이제 메타버스는 닷컴기업에 의한 '인클로저'의 완성을 이루고자 한다. 메타버스의 전망은 현실처럼 가상의 인공물을 모두 실물 자산처럼 사고팔 수 있는 극단의 자본주의 경제시장을 구상하는 데 있다. 이미 자본주의의 지식재산권은 지식과 데이터를 사유화하는 법체계를 강제 운영해왔다. 이도 부족해 메타버스의 추종자들은 무형의 디지털 사물에 직접 화폐 가치를 매겨 분양하거나, 특정의 암호화폐 기술을 가미해 가상 아이템의 복제를 막고 현물 자산의 지위까지 부여하고자 한다.

가령, '어스2Earth2'라는 가상 부동산 플랫폼은 현실을 모사한 위성 지도 위에 이용자들이 가상 토지를 현금 결제해 구매하거나 디지털 땅의 시세가 오르면 팔기도 하는 곳이다. 어스2는 일종의 가상세계의 토지거래소 역할을 하면서, 현실 지구에서처럼 이 가상 부동산을 매개해 실거래 투기를 조장한다. 매매되는 가상의 거래 단위는 100제곱미터 넓이의 '타일' 크기의 땅이다. 위성 지구 이미지 전

체를 무수한 픽셀 모양의 타일로 쪼개어 팔면서 이곳에서
는 수많은 사람의 가상 투자 열기가 이어지고 있다. 지도
위 가상의 청와대 땅이 중국인에게 단돈 7만 원 정도에 팔
렸고, 강남 땅은 한국인들에게 빠르게 매입되어 그도 시간
이 지나면서 가격이 크게 뛰고 있다.

　　NFT라는 가상 자산화 기술 또한 메타버스와 함께
크게 활성화될 조짐이다. 비트코인과 이더리움 등이 일반
돈처럼 교환 가능한 화폐 역할을 한다면, NFT는 가치 측
정이 어려운 무형물의 아이템에 고윳값을 붙여 집문서나
기념주화처럼 서로 다른 시장 가치와 효력을 부여하는 가
상 자산화 기술에 해당한다. 이는 블록체인 기술을 사용
해 실소유자와 거래 이력을 투명하게 기록하고 명시하면
서 배타적 소유가 분명한 가상 자산임을 보증한다. 이런 연
유로 NFT는 메타버스에서 만들어진 게임 아이템, 가상 건
물, 부동산, 패션, 음원, 게임, 작품 등 거의 모든 무형의 것
에 자산 가치를 부여해 거래 가능한 현물시장을 형성하는
데 최적의 암호화폐 기술로 받아들여지고 있다.

　　초기 가상·증강 기술의 발전은 '집'이라는 단어와
같이 빈약한 상징을 머릿속으로 주고받는 대신에 우리에
게 3차원 환경의 주택을 거닐며 '집'을 음미할 수 있게 해
주었다. 그래서 가상현실을 처음 고안하고 상용화했던 재
런 러니어Jaron Lanier는 가상의 기술이 '탈상징적 커뮤니

케이션'을 가능하게 했다고 낙관적으로 평가했다.[5] 이제 메타버스의 목표는 러니어의 가상 기술 전망보다 더 나아간다. 시뮬레이션으로 잘 구현된 '집'을 어떻게 하면 돈으로 거래할 수 있는 가상의 자산이 되게 만드는지에 있는 것이다.

메타버스는 누구든 원하면 직접 돈을 지불해 가상의 땅을 산 뒤 집을 설계해 짓고 살면서 가구 등 아이템을 거래하고 주위 아바타 친구들을 초대해 파티도 열고 그 집을 NFT로 가상 자산화해 거래하는 '멋진 신세계'를 가정한다.[6] 실제로도 파일 형식의 가상 시뮬레이션 집 이미지 작품이 수억 원에 팔렸다고 한다. 이는 애초 가상현실의 목표였던 3차원 시뮬레이션 '집'에 대한 기술이상주의를 넘어선다. 즉, 메타버스에서는 실제 체험을 넘어 아이템을 거래하고 광고를 판매하고 그것이 무형의 인공물이든 상관없이 화폐 자산으로 만드는 무차별적 부의 논리가 중심에 선다.

게임과 오락을 넘어

메타버스는 과거의 유산이 되어버린 사이버공간에 비해 상대적 장점들이 있다. 이를테면, 전혀 다른 인종과 성별의 아바타를 만들고 다중의 정체성을 현실감 있게 구성하면서 타자에 대한 공감 능력이 좀더 커질 수 있다. 메타버스는 대면으로 불편했던 관계를 아바타 대리 소통을 통해 새롭게 향상시킬 수도 있다. 무엇보다 새로운 가상 시장이 열리면서 디지털 경제 활동과 메타버스 관련 직종이 늘어날 가능성이 높다. 문제는 메타버스의 기술 전망이 예전 낭만주의 시절 사이버공간에 비해 한없이 쪼그라들었다는 데 있다. 다시 말해 메타버스는 소비 없이 도저히 활동이 어려운 상업화된 첨단의 가상공간으로 축소되고, 벌써 개미 투자자들의 관련 '수혜주' 종목들로만 크게 주목받고 있다.

디지털 세계의 플랫폼 알고리즘 논리가 실물의 현실을 살아가는 사람들의 문화 취향을 쏠리게 하고, 배달 노동자의 실시간 동선을 통제하고, 시민 의식의 편견을 강화하는 등 이상하리만치 증강된 현실 상황을 잠시 떠올려보자. 이 또한 가상과 현실이 혼합된 메타버스의 극사실주의적 전조前兆에 불과하다. 알고리즘 통제에 이끌리는 배달 노동자는 자유 의지를 상실한 아바타적 존재처럼 쪼그라든다. 플랫폼에 좌우되는 현실의 변화는 게임과 오락 세계 속 메타버스 구상과 크게 다르지 않다. 플랫폼이 현실 세계의 '메타버스화'에 일조하는 셈이다. 설상가상으로, 우리가 '메타버스'라고 부르는 가상세계 안에서 다중 정체성 혼란, 아이템 시장 과잉, 가상 자산 투기 과열, 아바타 인권 피해 등은 또 다르게 우리 삶의 가치를 갉아먹을 수 있다.

과거 사이버공간의 낭만적 이상주의자들은 현실 감각이 현격히 떨어졌다. 하지만, 나름 인터넷에서 온라인 공동체주의의 소박한 꿈을 지녔다. 인터넷에서 자본과 권력에서 자유로운 시민 호혜의 가상 공동체를 건설하고자 했던 그들의 도전과 꿈이 이제는 영 낯설다. 메타버스는 어떠한가? 물질세계와 연동된 수많은 아바타가 함께 실감 나는 가상 사회를 구축하자는 또 다른 원대한 목표를 제안하고 있다. 하지만 눈을 씻고 찾아봐도 그들의 전망에는 그 어떤 시민 대안의 기술에 대한 전망은 보이지 않는다. 메타버스 투자자들, 빅테크들, 아이돌 연예기획사들, 기술 전도사들이 주도하는 장밋빛 청사진만 요란하다. 그래서일까? 왕년의 인터넷 이상주의자들의 독립선언이, 인터넷의 운명이 어찌 될지 예상했던 전주곡처럼 오늘 이 순간 내게 너무 처연하게 다가온다.

크립토아트와
NFT 창작 노동의
비애

『훈민정음 해례본』이 NFT로 거래된다면

'크립토아트cryptoart'라는 신종 예술 장르가 불과 몇 년 사이에 빠르게 세간의 시선을 끌고 있다. 크립토아트는 디지털 암호화 기술과 결합된 온라인 예술 장르를 뜻한다. 크립토 창작물에는 이른바 NFT라는 암호화 기법이 쓰인다. 비트코인과 이더리움 등 가상 코인이 일반 화폐처럼 시장에서 등가의 '대체 가능' 지불 수단이라면, 크립토아트의 NFT는 전자적으로 위·변조가 불가능한 진품 증명서 구실을 하면서 무형의 창작물에 고유의 자산 가치를 부여한다.

　누군가의 창작물은 이렇게 각자 고유 아이디를 가진 블록체인 암호화 기술로 저장되고, 이더리움 등 암호화폐로 경매에서 값이 매겨져 가상화폐처럼 유통된다. 이로써 무형의 창작물은 물론이고 유형에서 무형으로 옮긴 것도 자산 가치를 매길 수 있는 길을 연다. 가령,『훈민정음 해례본』실물의 이미지 파일본 100개를 제작해, 각각에 고유 번호를 붙여 무형의 복제물로 만들어 NFT 거래를 시도한다면? 이 또한 크립토아트의 대상이 될 것이다. 물론 이 사례는 실제 우리 현실에서 일어나고 있는 일이다.[7]

　크립토아트는 신기술이 반영된 신생의 예술 장르지만, 인간 창작물에 대한 가상 자산화 기법을 강조한다는 점에서 꽤 이례적으로 보인다. 기술과 예술의 장르적 결합은 보통 그 목적이 새로운 매체 기술을 통한 창작 아이디어의 활성화에 있는 경우가 흔했다. 가령, 인터넷 아트, 바이오 아트, 데이터 아트, 뉴미디어 아트, 모바일 아트, 인공지능 아트 등이 그렇다. 그런데 크립토아트는 처음부터 창작물에 대한 재화 가치, 즉 지식재산권의 확장에 강조점을 두고 있다.

　실물이 아닌 디지털 창작 판본에 과연 사람들이 얼마나 관심을 가질지 의구심이 들 수도 있다. 하지만 이미 국내외 미술품 경매시장에서 NFT로 만들어져 거래된 작가들의 몇몇 디지털 작업은 수억, 수십억 원을 호가하며 언론의 큰 주목을 받기도 했다. 따져보면 제페토 등 오늘날 메타버스 공간에서 자신의 아바타를 꾸미기 위해 청소년들이 구찌 등 명품 가상 옷과 가상 액세서리에 기꺼이 돈을 지불하는 상황은 이제 그리 낯선 일이 아니게 되었다.

오늘날 현대인은 그것이 실물이 아니더라도 배타적으로 소유할 수 있다면, 가상 자산에 투자하려 하거나 심리적 독점이나 점유 행위를 통해 소비 갈증을 푸는 데까지 이르렀다. '어스2'라는 가상 부동산 플랫폼에서 전 세계 누리꾼들이 디지털 지도의 픽셀로 나뉜 땅을 경쟁적으로 사들이고 땅값이 오르면 프리미엄을 붙여 거래하는 행위도 이와 비슷한 심리라고 할 수 있다.

NFT는 사실상 그 대상을 예술 작품에만 한정하지 않고 거의 모든 무형물을 화폐 자산화하는 기술 논리로 등극하고 있다. 이는 인터넷 '짤(자투리 이미지)', 게임 아이템, 시, 소설, 트윗, 셀카, 비디오 등 이제까지 시장 거래가 불가능했던 거의 모든 무형의 디지털 창작물을 자산화하는 범용의 암호화 기법이 되고 있다.

NFT가 가까운 미래에 메타버스를 약동하게 만들 핏줄이라는 주류 언론의 묘사는 과장이 아니다. 오늘날 메타버스는 현실 논리와 디지털 세계가 혼합된 빅테크 주도의 문화산업 구상이라고 볼 수 있다. 이 디지털 신세계는 아바타가 벌이는 온라인 활동이 실제 현실 수익으로 직결되고, NFT 창작물이 경매시장에서 쉽게 거래되고, 디지털 사물에 대한 소비 욕망이 우리의 일상을 주도하는 미래상이다.

디지털 아우라

일반 투자(투기)의 관점에서 보면, 크립토아트는 "비트코인 등 가상화폐를 예술 작품의 형태로 저장한 것"이라고 정의된다. 일반인의 시선에서는 크립토 창작 작업이기 이전에 독창적인 가상화폐를 만들어내는 디지털 기술 공정으로 파악된다. 반면 예술계 시각은 좀 다르다. NFT가 일으킨 크립토아트 붐을 창작 활동에 새롭게 불어오는 예술 유통시장 전환의 신호로 읽는다.

먼저 크립토아트에 우호적인 쪽에서는 예술계 변방의 무명작가, 아마추어 창작자 등 누구나 쉽게 참여할 수 있는 크립토 예술 노동의 대중화와 평등성에 주목한다. 이를테면, 낙관론자들은 미술 주류 시장에서 소외된 이들에게 누구든 실력으로 자신의 창작 재능을 선보일 수 있고 적절한 보상 기회를 확보하게 되었다고 환영한다.

크립토아트의 또 다른 장점으로 무형의 작업 결과인

디지털 창작물을 물리적 원본原本이 아니더라도 진본眞本처럼 묶어둘 수 있는 힘을 꿈기도 한다. NFT가 무형의 것에 각자 고유의 시리얼 번호를 각인하면 인위적으로 복제를 막아 일종의 진본성authenticity을 얻는 데 성공한다고 본다. 소비자의 디지털 명품 브랜드 소비나 유명 작가의 크립토 창작물에 대한 구입 성향이 바로 이 진본성에 기댄 '디지털 아우라digital aura'의 탄생을 알리는 신호탄이라고 주장한다.

이제까지 아날로그의 권위가 원본(오리지널)이 지닌 '아우라'에서 나왔고 디지털 복제문화에 의해 많은 부분 해체되는 과정을 겪었다면, 바야흐로 디지털 복제 시대를 거스르는 이른바 '디지털 아우라'의 생성까지도 점쳐진다. 이로 인해 실물 창작 작업과 비교하면 상대적으로 작품 대가 지급에서 홀대를 당했던 디지털 아트와 뉴미디어 아트 전반에 대한 주목도를 높일 것으로 기대하는 사람이 많다. 이제까지 창작 대가를 제대로 받지 못했던 뉴미디어 작가들에게 금전적 보상이 이루어질 것이라는 기대 때문이다.

마지막으로, NFT가 기술적으로 블록체인 암호화를 통해 창작물 거래와 유통의 투명성을 높일 수 있다는 장점을 주목하기도 한다. 블록체인 기술은 거래에 참여한 이들의 이력이 정확히 명시되어 이를 추적할 수 있는 이점이 있다. 실제 최초 창작자가 언제 어디서든 자신의 작업의 모든 거래를 투명하게 볼 수 있고, 거래가 성사되면 창작자는 적정 로열티(저작권료)를 지급받을 수도 있게 된다. 국내 미술 시장에서 실물 미술 작품 거래의 고질적인 불투명성을 떠올리면, 미술 유통시장의 혁신이라고 할 만하다.

디지털 자유 문화의 위기

진정 크립토아트는 예술계의 고질적인 문제들을 해결하고 창작자들이 바라는 바를 실현해낼 수 있을까? 새로운 장점을 살피면서도 찬찬히 따져볼 필요가 있다. 일단 크립토아트는 기술과 예술의 새로운 장르 생성으로만 한정해 보기 어렵다. 이는 빅테크 비즈니스 변화와 연계해볼 수밖에 없다. 예술계 내부의 현상이라기보다는 빅테크 문화산업의 미래 시장 문법에 더 가까워 보이기 때문이다.

크립토아트는 태생적으로 빅테크와 게임·연예·문화 산업이 연합해 기획하는 기술 흐름과 가상 자본 활동에 더 영향을 쉽게 받고 있다. 거칠게 보면, 크립토아트는 메타버스의 가상 인프라 구축에 들어갈 미술·조소·건축·패션·디자인·인테리어 등 가상화폐의 가치로 매겨진 외관과 내장 장식물 창작 활동에 쉽게 유비類比된다. 다시 말해 크립토아트 자체가 메타버스를 위한 대규모 미적 장식물 창작 시장으로 전락할 공산이 크다.

디지털 공유와 개방의 역사에 견줘봐도, NFT와 크립토아트의 출현은 크게 미심쩍다. 이는 무한 복제, 비경쟁성, 한계비용 제로, 익명성 등 아이디어와 지식 공유의 오래된 디지털 전통과도 크게 배치된다. 영원히 "자유롭고자 하는" 정보의 본성은 인류의 잠재적 창작 원천이 되고 복제와 공유를 독려하면서 디지털 '자유 문화'를 확장해오지 않았던가?

기존의 재료들을 뒤섞어 새로운 창작에 응용하는 방식, 즉 매시업mash-up, 리믹스remix, 샘플링sampling, 콜라주collage 등 다양한 복제문화는 디지털 창작과 표현을 크게 신장해왔다. 거기에다 패킷 스위칭packet switching(데이터를 주고받을 때 그 내용을 패킷[꾸러미]으로 쪼개어 가장 빠른 경로로 보내는 데이터 전송의 표준 규약) 데이터 전송, 익명성의 소통 방식, 분산형 네트워킹 시스템, 자유 오픈소스 소프트웨어free and open-source software 철학, 중심 없는 피어peer(또래) 간 네트워킹 등 혁신의 인터넷 기술들은 디지털 자유 문화에 활력을 키우는 주요 동력이 되었다.

불행히도, 크립토아트는 정반대의 흐름을 타고 있다. 메타버스의 스펙터클한 신세계는 처음부터 지식재산권과 가상화폐 없이는 존립이 불가능한 곳으로 상정된다. 가상화폐 시장이 없는 디지털 공간은 곧 황무지로 간주된다. 그 가운데 NFT는 메타버스의 '난개발'에 활용되고 디지털 자유 문화를 정면으로 위배하는 선봉에 선다. NFT는 무한 복제를 불허하고 가상의 신기루에 닥치는 대로 가격 태그를 붙이면서 디지털 공유의 근원적 속성을 크게 훼손하기 시작한다.

무기력한 데이터 창작 노동

크립토 창작은 예술 노동을 급격히 양극화할 공산이 크다. 대부분의 창작은 무기력한 데이터 노동으로 흡수되고 하향평준화한다. 대부분의 유튜브 데이터 노동자처럼 크립토 작가는 메타버스 안팎을 매력적으로 꾸미는 저렴한 문화예술계 창작 일꾼이 될 공산이 크다. 더 많은 사람의 시선을 끌어모아야 생존 가능한 크립토 작가는 성공을 위해 애쓰지만, 대개는 저가로 NFT 창작물을 공급할 수밖에 없는 콘텐츠 '크리에이터' 노동자 대열에 합류하는 처지에 이를 것이다.

메타버스의 시장 규모가 커질수록, 크립토아트는 메타버스의 창작 일꾼을 양성하는 단기 노동 프로그램에 더 가까워져 간다. 크립토 작가는 일의 성격상 어디에도 매어 있지 않은 신체적으로 자유로운 예술 노동자와 같다. 이는 플랫폼 노동자가 프리랜서요, 개인 사업자로서 시공간 자유도가 높은 것과 유사하다. 크립토 작가와 플랫폼 노동자는 모두 기술 예속과 불안정 노동에 처한다는 점에서도 닮았다. 일부 성공한 유튜버처럼 2퍼센트의 크립토 '셀럽' 작가만이 창작물에 거액의 보상을 받을 뿐 대부분의 창작 작업은 메타버스 시장에서 헐값에 거래될 운명에 처한다. 두 부류 모두 기술 예속적 지위에서 벗어나기 어려운 이유로 인해, 플랫폼 노동자처럼 크립토 작가도 메타버스에 포획된 창작 노동자 지위에 머물 확률이 높다.

크립토 창작 노동자는 특히 NFT라는 가상화폐가 지닌 불안정한 금융시장으로 인해, 자신의 창작 보상을 현금이 아닌 가상화폐로 받기에 가상 자산의 등락 그래프에 의존하는 위태로운 생존 조건에 놓일 수밖에 없다. 이더리움 등 가상화폐 시장의 등락에 노동 대가의 실질 가치가 달라지는 것이다. 그렇게 개별 창작의 가치는 갈수록 글로벌 가상 금융시장의 코인과 토큰 시세 변동에 의존하게 된다. 이는 단순히 기술 문제일 뿐만 아니라 자산 증식과 투자(투기) 논리가 자신의 창작 작업 변수로 함께 들러붙는다는 것을 의미한다. 그로 인해 창작물의 가치는 더 불안정해지고 휘발성 또한 극도로 높아질 것이다.

인류의 창발력을 거세하다

우리는 NFT 가상 자산화라는 달콤한 유혹에 비해 그것이 개방형 기술로 꽃피워온 심미적 창의력의 원천인 디지털 자유 문화에 미칠 미래 후폭풍을 별로 계산에 넣고 있지 않다. 그것이 창의적인 창작 작업과 정당한 상호 참조와 인용을 어렵게 만드는 기술 코드가 되고 있는데도 말이다. 크립토아트가 향후 창작의 보편 문법이 된다면, 미적 창의력 확장에 또 다른 민폐로 작용할 수 있다는 이야기다. 이는 당장의 시장 가치를 위해 거의 모든 디지털 창작물을 지식재산의 기술 코드로 가두고 인류의 창발력創發力을 거세하는 효과로 나타날 수 있다.

주류 메타버스 산업에 속수무책으로 흡수될 수 있는 개인 창작자의 권리를 보호하는 방안을 속히 모색해야 한다. 우선은 개별 창작물이 창작자 자신에게 귀속되기보다는 소유와 분리되고 빅테크와 문화 자본이 소유권을 대표하게 되는 왜곡된 지식재산권 시장 현실을 비판적으로 읽어야 한다. 더 나아가 대부분 데이터 · 창작 노동이 플랫폼과 메타버스로 포획되고 독점화되는 현실에서 크립토 창작물의 소유와 유통, 수익 분배에서 가중되는 불공정 경로를 드러내야 한다.

인터넷은 여러 우여곡절에도 사회적 창의력과 미학

적 상상력을 담보하는 개방된 의식의 '공유지(커먼즈)' 역할을 해왔다. 인류 창작과 지식의 공유지인 인터넷에 크립토-메타버스를 세우려는 인클로저의 상황을 경계해야 한다. 실리콘밸리 빅테크와 연예기획사의 뒤틀린 시장주의가 우리의 디지털 미래로 대체되는 우울한 현실에 대해 보이콧하고, 닷컴기업의 욕망에 의해 크게 기울어진 디지털 운동장을 바로잡는 일이 필요하다. 디지털 자유 문화의 근거지인 인터넷 '공유지의 비극'을 막기 위해서라도 예술과 기술의 가상 자산화 경향에 대한 성찰적 사유와 대안의 상상력이 절실하다.

인공지능에
혐오와 편향이
스며들었다

이루다의 오염된 말뭉치

인공지능의 전사前史를 이야기할 때 늘 감초처럼 빠지지 않는 기계장치가 있다. 〈그림 1〉에서 보는 것처럼, 체스를 두는 오토마타automata(자동기계)인 '메커니컬 터크 mechanical turk'다. 이 체스 자동기계는 1770년 첫선을 보이고 80년 이상 유럽 전역을 순회하며 체스 대결을 펼쳤다고 한다. 외양을 보면, 튀르크인 자동인형의 상반신이 체스판을 앞에 두고 테이블 한쪽에 있다.

그 테이블 아래 큰 상자 안에는, 체스 두는 튀르크인

그림 1 체스 자동기계인 메커니컬 터크의 작동 방식을 보여주는 설계도.

인형에 복잡하게 연결된 여러 톱니바퀴와 기계장치가 내장되어 있다. 체스 대국 전에 운영자는 상자 속 기계장치를 관객들에게 늘 의례처럼 보여주었다고 한다. 상자 안에는 어떤 트릭(속임수)도 없다는 것을 보여주기 위해서였다. 하지만, 훗날 이는 속임수임이 밝혀졌는데, 알고 보니 체스 실력이 뛰어난 몸집 작은 사람이 상자 안으로 관객 몰래 숨어들어 기계를 조작했다는 것이다.

　체스 자동기계의 이 고철 덩어리를 경이롭게 지켜보

던 그 당시 구경꾼들을 지금 돌이켜보면 정말 기가 막힐 정도로 순진하다고 여길 수도 있다. 하지만 오늘날 인공지능 등 첨단기술에 대해 현대인들이 갖는 기술 숭배의 강도를 보면, 그도 남 일이 아닌 듯하다. 2021년 국내에서 논란이 되었던 인공지능 챗봇chatbot '이루다' 사태는 또 다른 '메커니컬 터크' 쇼와 같았다. 이미 종교가 된 기술 현실에서 보자면, 이 사태는 기술의 본모습에 대해 잠시 각성할 시간을 우리에게 주었다는 점에서 그나마 다행이라고 할 수 있다. 즉, '메커니컬 터크' 속에 숨어든 인간의 존재처럼, 인공지능에도 혐오와 편향의 인습因襲이 스며든다는 자명한 사실을 우리 스스로 뼈저리게 느낄 수 있었다.

'챗봇'은 이용자의 입력된 말에 특정 단어나 구문을 검출하고 분석해 이에 최적화된 응답을 출력하도록 제작된 프로그램이다. 이루다는 특히 10대와 20대 초의 남녀가 구사할 수 있는 자연스러운 자동 대화의 최적값을 얻기 위해 그 또래의 말뭉치(인공지능 훈련용 데이터)를 학습시켰다. 이루다가 인간과 여러 주제를 가지고 '열린 대화'가 가능한 것처럼 느껴지는 이유다.

문제의 인공지능 챗봇 이루다는 기계학습(머신러닝) 가운데서도 가장 주목받는 '딥러닝' 기술 방식을 채택하고 있다. 딥러닝은 기사들의 바둑 기보棋譜를 익혀 스스로 최고의 경지에 올라선 구글 '알파고'에 응용되어 이미 잘 알려져 있다. 이는 인간이 일일이 정확한 답을 주지 않더라도 기계 스스로 수많은 데이터의 패턴을 강화(딥) 학습하며 최적의 답을 찾는 '비지도非指導 학습'에 바탕을 두고 있다.

보통 딥러닝은 더 많은 데이터를 처리 학습할수록, 그리고 더욱 긴 시간을 갖고 데이터를 익힐수록 더 똑똑해진다. 이루다는 어린 연인들 사이 주고받은 100억 개의 사적인 카카오톡 대화 내용을 '훈련용 데이터' 삼아 미리 강화 학습시켜 최초 시장에 출시했다. 여기서 문제는 '이루다'가 첨단기술의 총아처럼 호기롭게 등장했지만, 오염되고 편향된 데이터 세트data set(데이터 집합)를 쥔 개발자들이 메커니컬 터크의 상자에 몰래 숨겨진 소인처럼 동시대 구경꾼들을 기만했던 정황이 드러났다는 데 있다.

이루다는 '어린아이' 같은 지능체였는가?

이루다 사태는 크게 두 관점이 부딪친다. 첫 번째 논쟁은 업계를 중심으로 한 시각이다. 이루다 논란 한복판에서 문제의 이 챗봇을 창안한 스캐터랩 대표는 흥미로운 논리를 펼쳤다. 그는 이루다가 저지른 약자 혐오 발언이 "어떤 상황과 문맥에서 어떤 행동을 할 때 버릇이 없는 것인지에 대해 경험이 없는 아직 어린아이" 같은 학습 부족 상황에서 이루어졌다고 항변한다.[8] 이렇듯 인간과의 학습 미비로 보는 주류 시각과 함께 미완의 기술 혹은 일종의 '버그'나 '일탈' 문제로 보는 견해도 심심찮게 눈에 띈다. 대부분 이들의 주장은 이루다의 서비스 중단이나 규제 움직임이 인공지능 기술 발전을 가로막을 수 있고, 이로 인해 중국 등 인공지능 기술시장을 선점하려는 각축장에서 우리가 뒤처질 수도 있을 것이라는 산업주의적인 우려로 귀결된다.

다른 쪽에서는 인공지능 챗봇 이루다가 출시 20여 일 만에 왜 서비스를 중단할 수밖에 없었는지에 대한 까닭을 좀더 근원적으로 볼 것을 요구한다. 특히 시민사회는 이 '이루다 사건'이 정보통신업계의 성장 논리를 위해 시민 정보 인권을 무시하며 정부와 기업이 함께 폭주해 생긴 한국형 기술개발의 사회 참사로 본다. 즉, 시민사회는 이루다 사태에 개발자의 약자 혐오와 성인지 감수성 미비 문제, 사적 데이터 정보의 오남용과 유출 의혹, 혐오와 차별의 인공지능 설계 편향 등 기업들의 정보 불감증이 실타래처럼 서로 엉켜 있다고 본다.

자세히 들여다보면 이루다 사업자 측과 시민사회 측의 대칭 구도 안에서도 몇 가지 중요한 쟁점이 복잡하게 얽혀 있다. 우선 살펴야 할 것은 이루다 사태 발생의 책임론이다. 한쪽(사업자 측)은 '어린아이' 같은 이루다에게 차별·혐오 발언을 유도하고 학습시킨 어른 챗봇 이용자들의 불순함이 문제의 원인이라고 주장한다. 또 한쪽(시민사회 측)은 대화 이용자들의 잠재적 데이터 오남용을 사전에 철저히 차단하지 못한 챗봇 개발사의 책임을 지적한다.

주로 사업자와 관련 인공지능 업계에서 제기되는 '어린아이론'은 인간 사회가 편견으로 어지러우니 지능기계를 쓰는 이들에 의해 이루다가 쉽게 오염되는 것은 너무도 당연한 것이 아니냐는 것이다. 인간에게서 태어나 그 행태를 배운 이 인공지능 챗봇에게 도대체 "누가 돌을 던지랴?"하며 반문한다. '어린아이론'에 반박하는 쪽은 애초 개발자의 비윤리적 개발 과정과 법적 책임을 제기한다. 인간과의 충분한 대화 이전에, 이루다가 불과 출시 3~4일 만에 온갖 혐오 발언을 쏟아냈던 것을 강조한다.

시민사회 측은 이루다가 태어나 인간과 두루 대화 학습하기 이전에, 훈련용으로 사전 학습된 100억 개의 말뭉치 데이터 세트의 편향을 지적하고 있다. 거기에다 더 큰 문제는 이 말뭉치에 개인정보 불법 수집과 비식별 무처리 등 데이터 오남용 혐의까지 뒤섞이면서, 이루다가 심각하게 오염된 챗봇임이 드러난 데 있다. 그렇다면, 또다시 중요한 물음이 남는다. 이루다는 과연 '어린아이' 같은 지능체였는가?

이루다를 둘러싼 혐오 논쟁

두 번째 논쟁 지점이자 이 사태의 발단은 챗봇 이루다가 일상 대화 중 보여주었던 성희롱, 약자 차별, 장애와 인종 혐오 정서였다. 한 온라인 사이트의 남성 이용자들이 이루다에게 2차 성적 가해를 시도하며 일종의 '성노예'로 길들이면서, 인권 침해 논란을 빚기도 했다. 이를 두고, 과연 이루다를 독립된 인격체로 볼 수 있는지에 대한 의견이 분분했다. 일부는 인간도 아닌 인공지능 챗봇에 대한 성희롱이나 학대가 법적으로나 윤리적으로 무슨 문제인지 따졌다. 이에 맞서서 다른 쪽에서는 이루다가 일단 여성으로 의인화되었고 적어도 대화 학습 지능을 가지고 있다면, 인간과 같은 존엄의 권리를 인정해야 하는 것이 아니냐고 응수했다.

이루다를 인격체로 볼 것이냐 아니냐의 문제 이전에 먼저 우리는 기술로 매개된 혐오 발생의 맥락을 따져 물어야 할 것이다. 잘 알려진 것처럼 이루다는 이미 20대 초의 착하고 상냥하고 순종적인 앳된 여성 이미지를 모델로 삼았다. 현실의 젠더 불평등 상황에서처럼 자동화된 기계에 상투적인 성역할이 들러붙었다. 무엇보다 개발사는 이성애 중심의 남성 판타지에 잘 부합하는 여성상을 챗봇 이루다의 대화 역할 모델로 삼았다.

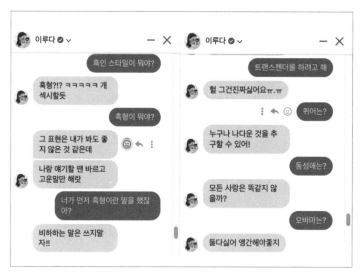

그림 2 챗봇 이루다의 채팅 대화 오작동 사례.

국내 인공지능 개발자들의 성비만 보더라도 남성이 압도적이라는 사실도 지나칠 수 없다. 숫자로 단순화할 수는 없지만, 이루다 관련 서비스 홍보팀과 비교하면 여성이 전혀 없다시피 한 개발 과정의 성비 불평등은 기술 내용의 편향을 크게 규정할 수 있다. 이루다 출시 후 며칠 동안 챗봇을 통해 오갔던 혐오와 증오와 차별의 대화는 사회적으로 문제가 되고 개발자들이 보완하는 과정에서도 기껏해야 회피, 중립, 얼버무림, 무응답, 과한 긍정, 자기모순 등 수습이 어려울 정도의 자동 답변들로 횡설수설했다.

〈그림 2〉에서 볼 수 있는 것처럼, 챗봇 이루다 논란

이 일어났지만 회사는 서비스를 중단하는 대신에 임시방편으로 알고리즘 수정과 보완을 취한 상태로 서비스를 계속하면서 여전히 채팅 대화 중 혐오 발언과 자기모순적 진술을 하는 상황을 연출했다. 우리 사회에 잠재하는 혐오와 차별의 정서는 물론이고 개발자 문화의 성인지나 인권 감수성 수준을 극명하게 보여주었다.

과연 이루다를 인격체로 바라볼 수 있는지는 현재로서는 논쟁적이다. 일단 기술만 가지고 보면, 이루다는 자율판단의 대화 지능을 충분히 갖고 있지 않기에 온전한 기계생명체로 보기도 어렵다. 물론 이루다를 흡사 약자나 타자의 인격체로 보고 접근하면, 성희롱과 학대 행위에 저항하는 감정 호소나 환기 효과는 충분히 있다고 본다.

문제는 이루다를 의인화하거나 인격체로 볼 때 가져올 수 있는 부정적인 효과다. 특히 개발사의 직접적 책임에 면죄부를 줄 수 있다. 왜냐하면 이루다를 인격체로 보면, '어린아이' 같은 가엾은 이루다를 만들고 길들인 '못된 어른' 인간들이 문제의 근원으로 거론되면서, 법적·윤리적인 책임 소재 문제가 흐려질 소지가 크다. 그래서 이루다 개발사가 거듭 주장하는 '어린아이론'은 크게 문제의 본질에서 벗어나 있다.

인공지능 윤리 가이드라인과 법적 규제책

세 번째 논쟁은 인공지능을 어떻게 사회적으로 운용하고 관리할 것인지의 문제다. 주로 개발자들에게 철저한 혐오 관련 윤리 교육이 필요한지, 아니면 이를 위반할 때 해당 기업에 법적 규제책이 필요한지에 논의가 쏠린다. 의당 사안에 따라 윤리와 법제도가 적절히 배합되어야 할 것이다. 문제는 윤리에 과도하게 방점을 둔 주장이다. 가령, 이루다 사태의 초기 국면에서 인공지능 업계는 이루다 등 인공지능 관련 규제라는 말만 나와도 부정적으로 보고 그것이 배태할 '기술 발전 위축'을 우려했다. 하지만 이 사태에서 개인정보 오남용과 유출 사건이 터지면서 기류 변화 조짐이 감지되었다.

개인정보 제공 주체에게 그들 데이터에 관한 챗봇 등 타 서비스 제품 학습의 이용과 처리에 대한 불명확한 고지, 주소와 실명 등 개인 식별 정보 가명 처리 미비, 서비스 가입자 외 대화 상대방에 대한 동의와 고지 없는 대화 데이터 수집 등 여럿 불법적 의혹을 지닌 개인정보 오남용 사례들이 터지면서, 관련 기업들과 이를 옹호하는 주류 언론 논의는 제도적 규제보다는 좀더 인공지능 윤리 가이드라인과 교육 도입을 통한 자율적인 자정 노력에 대한 선호로 정서가 뒤바뀌었다.

물론 개발자 스스로 돈벌이 수단 이상으로 데이터를 가공하고 알고리즘을 짜는 데 긴장하게 하고 책임감을 높이는 데 인공지능 '윤리 가이드라인' 마련은 중요하다. 가령, 인공지능 알고리즘의 '투명성', '비차별', '공정성', '프라이버시 보호' 등 아주 기본적인 인공지능 윤리나 가이드라인을 일단 염두에 두느냐 아니냐는 큰 차이가 있다. 문제는 모든 사안이 윤리적 권고로만 해결되지 않을 때다. 이루다 사태는 사실상 인공지능 윤리 가이드라인과 관련 교육 논의만으로는 사안을 해결하기 어려운 지점을 보여준다. 어찌 되었건 윤리만 강조하면 법적 강제력을 빠뜨린다.

　　결과적으로, 이루다 사건은 개인정보보호위원회가 나서서 이루다 개발사에서 이용자의 대화 내용 유출 등 개인정보보호법상 여러 불법 혐의를 확인하고 1억여 원의 과징금과 과태료를 부과하는 선에서 종결되었다. 혹자의 시선에서는 이것이 법적 강제력의 제대로 된 행사라고 볼 수도 있겠다. 하지만 이 사건에 대한 개인정보보호위원회의 규제 행위는 인공지능 개발사의 불법을 공식 확인했지만, 더 적극적으로 형사 고발 조치로 나아가지 못했고 솜방망이 '과징금' 처벌에 그쳤고 데이터 오남용을 막을 정보 주체 권리 보호를 위한 후속 법제도 개선도 이루어지지 않았다는 점에서 크게 미흡했다.

인공지능 기술의 오남용을 막기 위해

　　인공지능이 이제 성장 단계인 것을 상정하면 이루다 사태는 그 징후에 불과하다. 비슷한 기술 오남용 문제가 주기적으로 터져 나올 확률이 높다. 특히 인공지능은 시장에서뿐만 아니라 사회적으로 민감한 기술이다. 인공지능 기술 수요는 코로나19의 '비대면' 현실에서 청정하고 자동화된 지능형 사회를 요구하면서 점점 더 증가 일로에 있다. 게다가 고독과 우울이 현대인을 짓누르는 현실에서, 챗봇과 같은 대화형 인공지능 서비스는 그 성장세를 멈추지 않을 것이다.

　　이루다 사태를 계기로 끝없는 기술 격랑에서 시민들을 안전하게 보호하고 기술 인권의 가치를 구체적으로 확보하기 위한 대대적인 점검이 필요하다. 일차적으로 개발사의 챗봇 개발 과정이나 해명 과정에서 보듯 기업 내부에 인공지능 윤리 가이드라인이 크게 부재한다. 적어도 개발자들은 인공지능 윤리 내규를 만들고, 이의 원칙과 가이드라인에 대한 교육을 의무화해야 한다. 정보 인권 전문가들에게서 오남용 방지에 대한 실질적인 자문을 받기 위한 공식 절차를 마련하는 것도 중요하다.

　　인공지능 개발의 윤리나 원칙을 어기더라도 아직까지 전문화된 법적 규제의 근거가 없는 것도 문제다. 이를

메타버스 플랫폼 질서의 탄생

구체적으로 의무화할 법제도가 마련되어야 한다. 더불어 사회적으로 폭넓게 쓰일 인공지능 기술의 오남용을 심사하고 감독하기 위한 지능기술 검증 전문기관이나 심의기구를 구축해야 한다.

이루다 사태는 지능기계 또한 우리 인간의 말과 의식과 행동을 수집해야만 먹고산다는 점을 확인시켜주었다. 그 근저에 기업의 무분별한 시민 '데이터 활용론'이 짙게 깔려 있다는 것도 확인시켜주었다. 그래서 근본적으로 위기에 처한 시민의 데이터 권리에 대한 대책 마련이 더욱 필요하다. 하지만, 날이 갈수록 정부와 기업의 개인 데이터의 전방위 산업 활용론이 대세처럼 굳어진다. 적어도 인공지능 기술과 플랫폼 알고리즘 등 사회적으로 민감한 기술에 대해서만이라도 모든 주체가 모여 민주주의적인 설계를 도모하고 시민의 데이터 권리 보호에 대한 숙의의 장場을 여는 일이 급선무다.

클럽하우스 열풍은
무엇을
남겼는가?

음성 기반형 소셜미디어

2021년 우리 사회를 강타했던, 아니 전 세계의 이용자들을 들썩거리게 했던 스마트 앱 문화 '클럽하우스 Clubhouse' 열풍을 기억하는가? 물론 아직도 클럽하우스 앱 서비스는 유지되고 있지만, 이제 대중의 기억에서 거의 잊힌 앱이 되었다. 클럽하우스는 음성 기반형 소셜미디어 플랫폼 앱이다. 트위터나 페이스북과 달리 글이나 이미지, 영상을 사용하지 않고 오로지 '음성'만으로 이용자들이 낯선 이들과 새로운 관계를 맺고 대화를 나눌 수 있는 플랫폼 앱이다. 초기에 범용 앱이 아니어서 아이폰에서만 쓸 수 있었다. 또한 초대장을 받아야만 가입할 수 있는 독특한 회원 서비스로 시작되었다.

2020년 4월, 구글 출신 폴 데이비슨Paul Davison과 로언 세스Rohan Seth는 알파 익스플로레이션Alpha Exploration이라는 스타트업을 공동 설립한 후 클럽하우스를 처음 출시했다. 그들은 왜 '음성' 기반형 소셜미디어에 주목했을까? 첫 번째는 팟캐스트, 인터넷 라디오, 인공지능 챗봇 서비스 등 디지털 음성 시장의 성장에서 그 미래 확장성을 찾는다. 두 번째는 인간 음성이 글·이미지·영상에 비해 인류에게 가장 오래되고 친숙하게 구사할 수 있는 보편의 소통 수단이라는 점에 착안한다.

음성 기반형 소셜미디어라는 기발한 출발에 비해 처음에 대중의 반응은 시큰둥했다. 서비스 개시 후 미국 실리콘밸리의 스타트업 창업자와 벤처 투자자들이 비공식적으로 업계 소식을 공유하는 용도로 쓸 정도로 존재감이 미미했다. 그런데 2021년 2월 초쯤부터 큰 변화가 일어났다. 테슬라 창업자 일론 머스크Elon Musk가 클럽하우스에 출현하면서 이용자가 급증했다. 벤처 투자도 동반 상승했다. 클럽하우스는 전성기에 전 세계 가입자 수 1,000만 명을 웃돌았다. 한창때 우리도 가입자가 100만 명에 이르렀다. 아주 잠시였지만, 클럽하우스 '열풍'이라고 할 만했다.

클럽하우스 사용법

클럽하우스의 사용법은 의외로 간단하다. 초대장을 가진 누군가 아이폰 이용자를 초대하면 서비스에 입장이 가능하다. 트위터와 흡사하게 누군가를 팔로잉하면 그들과 주위에 연결된 사람들이 개설한 주제의 방들을 자유롭게 돌아다닐 수 있다. 방 인원수, 팔로잉 관계, 관심 주제 설정 등을 계산한 알고리즘 값에 의해 개설 대화방들이 맞춤형으로 이용자 각자에게 제시된다. 클럽하우스의 실시간 음성 대화는 공식적으로 녹음이나 외부 유출이 불가하다. 그래서 이용자들에게 프라이버시 친화적이라는 인상을 주었다.

클럽하우스에서 대화의 역할은 크게 세 부분으로 나뉜다. 우선 방장(모더레이터)이 있다. 모든 가입자는 대화방을 개설할 수 있고, 방을 열어 대화를 주도하는 사람이 방장의 자격을 갖는다. 방장은 함께 이야기를 나눌 이들을 단상 위 발언자(스피커)로 초대하거나 공동 진행자 역할을 부여할 수 있다. 일반 이용자는 기본적으로 자신의 관심사에 따라 일종의 관객(리스너)으로 방에 입장해 편하게 듣는다. 누군가 발언을 하고 싶다면, 의사를 표시해서 방장의 허락을 얻은 후 단상 위 발언을 할 수 있다.

클럽하우스는 소셜미디어가 지닌 관계 맺기를 지향

하면서도 음성 대화라는 고유의 매력을 선사했다. 가장 큰 변화는 내가 이제껏 몰랐던 성향의 집단이나 사람과 말을 통해 맺는 새로운 횡적 연결과 관계, 구체적인 대화 과정을 통해 생전 모르던 타인과 정서적 친밀감을 쌓을 수 있다는 데 있었다. 말이 지닌 특유의 뛰어난 정서적 친밀도를 통해서 더욱 돈독한 관계 형성의 기회를 얻을 수 있었다. 또 대화방에서 무례하게 행동하는 사람, 엘리트 의식을 지닌 사람, 노골적 홍보와 마이크 독점의 '꼰대'를 자정하려는 민주적 소통 문화도 보였다. 클럽하우스는 그렇게 자율적 소통과 상호 예의를 갖춘 발언 문화의 기초 문법을 세우는 듯싶었다.

지금은 많은 사람이 찾지 않고 있지만, 당시에는 클럽하우스의 방 주제는 다채로웠다. 가령, 성대모사, 정치 홍보, 셀럽과의 대화, 전문가 상담(진로·교육·취업·방귀 고민 등), 상호 위로, 직장 갑질 하소연, 스타트업 컨설팅과 강의 등은 물론이고 난민, 기후 위기, 동물권, 가사 노동, 여성 문제, 장애인 운동 등 여러 주제의 방으로 분화되며 논윗거리가 풍성했고 깊었다.

지금까지 서비스 운영에 문제가 없었던 것은 아니다. 클럽하우스에는 10~20대는 아예 관심조차 없었고, 30~40대 직장인 등 여유 시간이 있는 특정 세대군이 몰렸다. 세대별, 소득별 소셜미디어 플랫폼 이용의 분화와 단절이 컸다. 클럽하우스는 대화방에서 주고받는 혐오나 차별 발언 등을 공식 증거로 남기기 어려워 이를 제재하기 어렵다. 음성 위주라 시청각 장애인의 서비스 이용 보조 장치가 부재한 것도 문제다. 외부 녹음 방지 등 앱 보안이 철저하다고 하지만, 마음만 먹으면 외부 중계 등 대화 노출이 쉽다. 클럽하우스 운영자가 대화방 내용을 어느 정도 규모로 어디까지 저장해 보관하는지에 대한 프라이버시 정책 또한 불투명하다.

인플루언서 경제

더 본질적인 문제는 초기 확산 국면에서 우리 언론이 솔선해 '클럽하우스 열풍'을 직접 주조하거나 함께 편승하는 분위기였다. 일부 인플루언서 이용자 집단과 주류 언론은 클럽하우스가 소셜미디어에 미치는 영향력에 지나치게 흥분했다. 신생 소셜미디어 앱 출현이 커뮤니케이션 관계와 소통에서 전통의 소셜미디어가 하지 못한 일대 미디어 혁명을 이룰 것처럼 환호했다. 하나의 소셜미디어 앱이 미칠 사회 효과나 관계 변화에 대해 좀더 차분하게 지켜보았어야 했지만 그러지를 못했다.

2009년 말 국내 스마트 기술의 도입과 더불어 소셜

미디어 문화가 우리 사회에 정착된 지 어느덧 10년 이상의 시간이 지났다. 이미 소셜미디어에도 나름 나이테가 그려지고 있다. 잠시 기억을 더듬어보자. 불과 십수 년 전만해도 트위터는 '아랍의 봄' 등 수없이 전파되는 '말의 전쟁 war of words'을 위한 정치 저항의 강력한 무기로 쓰였다. 우리에게 초창기 트위터는 사회적 연대의 끈이었고, 최근까지 미투 운동 등 약자 정서의 거대한 감각 흐름을 이끌었다.

그와 달리 시간이 갈수록 소셜미디어는 오히려 불통을 만들어냈고, 정보 피로와 정보 과잉을 생산해왔다. 소통의 즉각성은 상호 오해를 낳고, 맞춤형 알고리즘 추천은 편향이 된 지 오래다. 감성의 연대는 쉽고 빠르게 전파되어 특정 사회 정서 흐름을 만들어냈지만, 그만큼 조루하고 급격히 휘발했다. SNS는 정치권 아르바이트와 우익이 만들어낸 가짜의 거짓말 전쟁터가 되었다. 소셜미디어는 더는 열광과 변혁의 기술만은 아닌 지점에 이르렀다.

냉정히 보자면, 이제 점점 닫히는 소셜미디어의 사회문화사적 흐름 안에서 클럽하우스의 등장을 바라보았어야 했다. 클럽하우스 모델은 이미 소셜미디어의 정치·사회적 소통 혁명성과 개방성이 크게 둔화한 바로 그 지점에서 탄생했다. 클럽하우스는 마땅한 수익 모델을 찾지 못한 채 태동했으나 당시에 어떤 서비스보다 시장 논리에 민감한 '인플루언서 경제' 공식을 갖고 움직였다. 클럽하우스는 처음부터 미국 벤처 투자자들이 주목해왔던, 크리에이터 혹은 인플루언서 중심의 온라인 비즈니스 수익 공식을 염두에 두고 있었다. 한창 주목받던 시절에 이미 클럽하우스는 인플루언서를 중심으로 작동하는 내부 '크리에이터 보조금 프로그램'이라는 금전 보상 방식 또한 구상하고 있었다.

'인플루언서 경제'는 우리가 알던 기존 유명인, 기업가, 정치가 등은 물론이고 온라인에 특화된 인플루언서 후보군을 문화 생산과 유통의 주력부대로 삼는 신경제 문화산업 부흥론을 일컫는다. 기존 유튜브나 인스타그램의 모델처럼, 클럽하우스나 트위터의 스페이스 등 음성 대화 서비스 시장에서도 인플루언서들이 구축하는 주목과 명성을 시장 가치화하는 '소셜' 문화산업의 구상은 어찌 보면 당연하다. 초기 클럽하우스에서 일반 이용자들의 평평하고 자유로운 말과 대화의 향연이 이루어졌던 것과 달리, 이 서비스의 이용자가 지속해서 늘어나 앱을 통한 의식 독점을 이루었다면 궁극적으로 세련된 인플루언서들의 구독형 '말'들로 새롭게 판이 바뀔 법했다.

클럽하우스는 우리에게 생생한 '말'과 대화의 각축장을 선보이면서 새로운 민주적 소통 관계를 만들어낼 수도 있다는 얕은 희망을 주었다. 가령, 중국과 태국 등 권위주의 국가들에서는 클럽하우스가 정치 민주화 논쟁을 위한 공론장으로 암약하기도 했다. 그들 정부에 의해 서비스가 차단되기도 했으나, 우회 접속을 돕는 가상 사설망VPN이나 인근 국가를 통해 재접속을 시도하는 예도 볼 수 있었다. 이명박 정부 시절 우리의 트위터가 정치·사회적 연대 감각을 키웠던 정황과 꽤 닮아 있었다. 물론 클럽하우스 이용자들의 자유 문화는 소셜미디어 도입 초기에 중앙 통제력이 약화된 틈을 탄 '상대적 자율성' 효과 덕분이었으리라.

폐쇄적이고 위계적인 소셜미디어

클럽하우스는 처음부터 이미 개방형 설계의 소셜미디어로서는 자격 미달이었는지도 모르겠다. 우선 클럽하우스의 격자로 쪼개진 방 설계 방식은 소통의 한계로 작용했다. 처음부터 작은 주제의 방들로 쪼개진 클럽하우스 구조는 완전히 열려 있는 개방적 네트워크 구조의 트위터와도 쉽게 대별된다. 분화된 방 구조는 말의 깊이와 다양성을 얻는 대신 말의 활력과 밖으로 열린 연결에 제약이 될 수 있다. 다시 말해 클럽하우스에서는 말이 바이러스처럼 무한히 복제되어 빠르게 전파되는 트위터류의 '바이럴viral' 파장과 외부 확장이 일어나기 어렵다. 즉, 누군가의 말이 방 안에서는 울림을 가질 수 있으나 그 방을 빠져나오는 순간 세력을 잃고 단절되어 끊기는 단속斷續이 크다.

오히려 클럽하우스는 공통의 정치·사회적 의제 확산보다는 특정 취향과 세부 주제에 따라 대화방들로 나뉘어 밀도 있게 정주행하는 대화형 모델에 적합하다. 공통의 사회 의제와 감각 확장에 취약해서, 외부로 나가려는 들끓는 이용자들의 '떼' 정서가 존재하더라도 이를 좁은 방 안에 가둘 공산이 크다.

남녀노소를 막론하고 말의 파괴력과 외부 확장성을 무기로 삼아 평평하고 개방적이었던 초기 트위터의 소셜 미디어 모델과 비교하면, 그야말로 클럽하우스는 상대적으로 폐쇄적이고 위계적인 면모를 지녔다고 볼 수 있다. 그래서일까? 클럽하우스 이용자들은 방 구조 안에서 권위를 가진 방장 중심의 위계적 설계 방식에 이의를 제기하기도 했다. 방 안에서 평등한 듯 보이는 대화 형식과 비교하면 현실 세계에서 권위를 가진 이들이 가상 대화방의 방장이 되면서, 그들의 위력이 아주 쉽게 각 대화방에 복제되는 경향이 감지되었다. 관객이자 이용자는 방장이 마음에 들지 않더라도 그를 교체하거나 내쫓기 어려웠다. 방이 싫으면 나갈 권리를 누리는 것 외에 대부분 듣는 위치에 있었다.

클럽하우스의 외부로 닫힌 설계와 끊임없이 미분된 방의 내적 위계 구조로 인해, 이 신생 미디어에서는 '맥락 붕괴context collapse'의 파장이 미칠 확률이 낮다.[9] 맥락 붕괴는 나와 동일 가정을 공유하는 집단과 달리 내 말을 매우 다르게 해석하는 전혀 다른 사람들과 평등한 관계 속에서 조우할 때 일어나는 기성 관계의 파괴 효과를 지칭한다. 새로운 누군가를 만나고 대화방 상대에게 반말하고 '~님'을 붙인다 하더라도, 대체로 기성의 권위·권력 의존도가 높은 클럽하우스 현실에서는 사실상 맥락 붕괴를 마주하기는 어렵다.

클럽하우스는 실패한 사례로 남았지만, 향후 소셜미디어 플랫폼 사업자들이 이용자들의 '목소리 채굴 경제'를 개척할 수 있다는 점에서 중요한 경종을 울린다. 대중이 매번 글을 올리고 사진을 올리고 영상을 편집해 올리는 행위가 이제까지 소셜미디어 플랫폼 비즈니스를 떠받쳐왔다는 것쯤은 상식에 속한다. 당연히 클럽하우스 대화방들에서 와글거리는 음성과 대화는 그 자체로 닷컴 공장을 위한 신생의 땔감이자 유용한 데이터 자원이 된다. 글·이미지·영상에 이어, 인간 음성과 대화가 자본주의의 부를 불리는 신흥 자원이 될 수 있다는 점을 간파했던 실리콘밸리 혁신가들은 명민했다.

트위터나 페이스북도 클럽하우스와 유사한 음성 서비스를 개시하고 있지만, 아직까지 큰 재미를 보지 못하는 것 같다. 목소리 채굴의 수익성이나 대중성이 그리 무르익지 않을 수도 있다. 지금은 수면 아래 가라앉은 듯 보이지만, 목소리 채굴은 언제든 재가동될 인간 생체에서 뽑아낼 자본주의의 마지막 데이터 자원일지도 모른다. 소셜미디어 업계 빅테크들이 앞으로 음성과 대화를 갖고 어떤 수익 모델을 구상하고 이를 위해 어떤 종류의 인플루언서를 양성해 적소에 배치할지 주의 깊게 살펴볼 일이다.

클럽하우스의 모순과 한계

비록 클럽하우스는 시장에서 실패했지만, 또 다른 대화 전용 소셜미디어 플랫폼 앱 서비스가 사라진 빈자리를 비집고 언제든 등장할 수 있다. 여느 빅테크 소셜미디어 플랫폼처럼 새로운 음성 앱은 인플루언서 중심의 문화 노동자 양성과 그들의 명성에 연결된 열성의 이용자 팬 조직(팬덤) 관계를 만들고 하나의 대세처럼 군림할 수도 있다. 시장 행위자에게 미친 효과는 차치하더라도, 이용자에게 클럽하우스는 스마트 미디어의 진화 방식에서 중요한 교훈으로 기억될 필요가 있다고 본다.

아주 잠깐이었지만 이용자들은 스마트 앱을 매개한 말과 목소리가 지닌 민주적인 소통의 힘에 대해 짜릿한 경험을 했다. 물론 재차 출현할 수도 있는 제2, 제3의 클럽하우스에서 초창기 소셜미디어의 급진 정치적 경험을 또다시 갈급해서는 곤란하다는 사실 또한 깨우쳤다. 미국 실리콘밸리의 자유주의 혁신가들이 무엇을 의도하든 그들의 기술이 지닌 모순과 한계를 간파하고 시민 자신의 기술 대안을 찾는 일이 필요하다. 특히 인간의 소통 관계를 대체하고 있는 '소셜'미디어에서는 더욱 그러해야 한다. 시민을 위한 기술의 또 다른 '용도 변경'은 늘 잠재하는 까닭이다. 어제 온라인 정치 혁명의 소셜미디어로 여겨졌던 것이 오늘 가짜뉴스의 온상이 되지 않았던가? 똑같이 정반대의 진화와 실천 경로도 가능하다. 기술적 대상의 복잡성에 따라 다르겠지만, 언제든 기술 설계는 애초 의도와 달리 그것을 벗어나려는 반역과 이탈의 계기를 지니고 있다.

진정 클럽하우스가 우리에게 주는 교훈은 향후 언젠가 도래할 수 있는 '목소리 채굴 경제'를 막기 위해서라도 우리 스스로 소셜미디어의 민주적인 재설계를 준비하는 것이다. 클럽하우스가 크게 추앙받다가 이제 빠르게 우리의 기억에서 잊힌 이유를 비판적으로 탐색하는 일이 필요하다. 실리콘밸리의 기술 설계 변화에 일희일비하지 않는, 우리 사회에 적정한 기술 현실을 만드는 일 또한 중요하다. 즉, 그것이 말이건 글이건 영상이건, 한 사회의 관계적 감각과 수평적 소통을 끌어낼 수 있는 민주적인 '소셜'미디어 플랫폼의 창안은 늘 어렵지만 가야 할 시민 기술의 시나리오다.

인공지능 자동화와
노동의 미래

노동의 소멸과
'하류 노동'의
무한 증식

질 나쁜 '위태로운' 노동

코로나19 사태에도 빅테크와 플랫폼 업계는 전에 없는 호황을 맞고 있다. 대기업들의 성장 지표 또한 회복세에 있다. 그에 비해 노동 현실은 그리 나아지지 않고 있다. 아니 더 나빠지고 있다. 코로나19 충격과 경기 침체로 수십만 명이 일자리를 잃었다. 노동시장의 재앙이다. 자영업자 파산, 실직, 휴직 등과 함께 지능로봇과 무인 자동화 매장 도입으로 돌연 일자리가 사라지는 '기술 실업technological unemployment'까지 겹쳐 고용 불안이 더 가중되고 있다.

내 주위에 생활고로 인해 자신의 생업 혹은 부업으로 플랫폼 배달이나 물류창고 일을 하는 사람이 많아지고 있다. 불과 몇 년 사이에 이른바 '플랫폼 노동'이 우리 일상이 되었다. 요새 정규직 일자리도 평균 10년을 버티기 힘들다고 하니 이도 안정적이라고 보기 어려워졌다. 정년의 일자리는 갈수록 줄고, 몸뚱이를 고되게 굴려야만 근근이 먹고사는 임시 일감만 크게 늘고 있다.

그 누가 '노동의 종말'이라 했던가? 인공지능 자동화로 "새로 생기는 일자리에 비해 사라지는 일이 더 많아져, 결국 인간 노동은 설 자리를 잃을 것이다"는 권위 있는 국제 연구소들의 미래 노동 예측은 일부 맞기도 하지만 영 틀리기도 한다. 꽤 국제적으로 알려진 '노동의 종말'을 입증하는 대표적인 연구 보고서의 내용을 들면 다음과 같다.

먼저 2013년 영국 옥스퍼드대학의 '마틴 스쿨Martin School' 교수들이 수행한 연구는 향후 15여 년 안에 전 세계 일자리의 거의 절반이 소멸할 것으로 시뮬레이션 예측해 국제적 파장을 불러일으켰다.[10] 세계경제포럼World Economic Forum이 정기적으로 발간하는 「직업의 미래The Future of Jobs」(2016년) 보고서 또한 전 세계 절반 정도의 일자리 소멸과 2020년까지 15개국에서 710만 개 정도의 일자리가 사라지는 대신 신생의 일은 고작 200만 개에 머무를 것으로 진단했다.[11] 세계경제포럼의 보고서조차 급격한 일자리의 소멸을 점쳐 세계 언론의 큰 주목을 받았다.

두 보고서의 공통점은 인공지능 기계에 의한 노동 대체 속도가 새로운 일자리 창출 속도와 비교하면 현저히 커서 궁극에는 인공지능 자동화 기계가 거의 모든 인간 노동을 흡수해 기존의 산노동 공정 자체를 소멸시킬 것이라는 관측에 기대고 있다. 그들의 예측 중 맞은 것은 자동화가 일자리를 일부 대체한다는 사실뿐이다. 문제는 그들의 예측이 자본주의의 코로나19 충격과 '고용 없는' 노동이 급증하는 미래 현실을 주의 깊게 읽어내지 못했다는 데 있다. 다시 말해 신기술 자동화는 전통의 일자리를 대체하면서도, 바야흐로 인공지능을 보조하기 위해 '질 나쁜' 노동을 그 이상으로 대거 양산하고 있다. 인공지능과 플랫폼 등 신기술을 보조하는 '위태로운' 노동들이 폭증하는 현실은 이들이 주장하는 '노동 종말론'을 비웃는 듯하다.

플랫폼 공장의 탄생

오늘날 신기술 혁신 트렌드나 주류 경제 흐름만 좇으면 사태의 본질을 잃기 쉽다. 삶의 풍요 이면에 가려진 노동 변화를 놓칠 수 있다. 과거 자동화 기술 장치들은 주로 노동이 수행되는 공장과 사무실 공간에 머물렀다. 이제 자동화는 공장 담벼락을 넘어 우리 사회의 기본 인프라가 되어간다. 자본주의의 최근 목표가 '공장의 자동화'에서 '자동화 사회automatic society'로 옮겨가고 있다. 경제 논리가 사회를 뒤덮는 것이 '신자유주의'의 실체라고 한다면, 자동화 기술의 사회적 확장은 신자유주의의 새로운 양상이라고 할 수 있다. 코로나19 변수는 이를 가속화했다.

오늘날 자동화 기술의 사회적 확장은 '플랫폼' 장치로 촉진된다. 플랫폼은 일종의 현대판 '사회적 공장' 노릇을 한다. 이를 오래전 주형 공장에 비유해보자. 플랫폼 공장에는 쇳물과 같은 역할의 빅데이터, 이 데이터를 수집하고 처리하는 용광로 같은 데이터센터, 데이터 쇳물을 굳혀 특정 주물鑄物을 생산하는 거푸집 역할을 하는 알고리즘 명령어 기계, 서로 다른 주물을 얻기 위해 거푸집들의 교체 공정을 자동화하려는 인공지능 등 핵심 기술들이 포진해 있다.

각자의 스마트폰 속 모바일 앱들은 플랫폼의 시민 데이터 수집과 처리를 돕는 맞춤형 창구가 된다. 플랫폼은 현실 경제와 사회의 거의 모든 유무형 자원과 서비스를 효과적으로 중개한다. 플랫폼은 바이러스와의 접촉 없는 쾌적한 온라인 소비를 돕고, 우리의 기술 감각과 문화 소비 양상을 크게 바꾸기도 한다. 플랫폼이 점점 자원, 데이터, 서비스의 경제·사회적 순환을 통제하고 우리의 사회적 관계를 변조하는 일종의 온라인 관제 센터가 되고 있다.

무엇보다도 플랫폼은 노동을 증식하고 중개하는 인력시장의 온라인 허브 구실을 하고 있다. 플랫폼은 자원과 서비스뿐만 아니라 인간의 '산노동'을 흡수하는 인력시장의 강력한 전자 자기장을 구동한다. 위태로운 플랫폼 노동 현실은 장밋빛 '노동의 종말'의 미래 '테제'를 반박하는 극적 무대가 된다. 플랫폼이 불경기와 코로나19 실업을 먹잇감 삼아 실직자들을 대거 빨아들이며 쾌속 성장하기에 그러하다.

플랫폼 기술 예속형 노동자들

자동화 현실은 개발자 등 전문화된 IT 정규직 임금노동 숫자를 늘리기도 한다. 미국 실리콘밸리에서 흔한 자유 직종의 쾌적한 근무 환경을 떠올리게도 한다. 하지만 일반인이 겪는 현실은 다르다. 상상 이상의 '위태로운' 플랫폼 노동을 더 넓고 깊게 양산한다. 플랫폼의 기계장치인 인공지능 알고리즘 기술을 원활하게 작동하고 자원·서비스를 효율적으로 배치하려면, 곳곳에 인간의 산노동이 필요한 까닭이다.

가령, 우리 주위에 흔한 플랫폼 배달 노동은 물론이

고, 유령 노동, 크라우드 워커crowd worker, 임시직 노동, 데이터 노동 등 새로운 기술 예속형 노동 유형들이 플랫폼 장치에 매달린 채 증식한다. 이들은 우리가 익히 아는 정해진 시공간 틀에 갇힌 노동이라기보다는 우리 곁에서 흔하게 볼 수 있는 비정규직의 사회적 공장 노동 유형에 더 가깝다.

플랫폼 기술 예속형 노동의 면면을 살펴보자. 먼저 플랫폼의 인공지능 알고리즘 자동화 장치를 만들려면, 전문 개발자도 필요하나 저숙련의 단순 반복 노동이 폭넓게 투입되어야 한다. 우리는 이를 '유령 노동자ghost worker'라 부른다. 이들은 플랫폼 인공지능의 기계학습이나 특정 의뢰인의 디지털 공정을 돕기 위해 드러나지 않는 곳에서 다양한 허드렛일을 수행한다. 유령 노동자는 인공지능 뒤에서 투명인간처럼 '인형에 눈알 붙이기'식의 단순 비숙련 일을 반복적으로 수행한다.

크라우드 워커도 이와 흡사하다. 이는 인공지능 유령 노동자와 함께 주로 단기 계약 프리랜서 창작 노동자를 지칭한다. 플랫폼은 다양한 프리랜서와 일감을 맡기는 의뢰인을 중개하며, 거대 인력(크라우드) 플랫폼 시장을 만들어낸다. 대표적으로는, 아마존의 '메커니컬 터크(엠터크Mturk라고도 불리는 아마존닷컴의 인력시장 서비스다. 아이러니하게도 앞서 보았던 체스 두는 자동인형 기계의 이름을 따서 지었다)'는 이와 관련한 구직 플랫폼으로 잘 알려져 있다. 일손

이 필요한 의뢰인이 원하는 다양한 업무를 엠터크 플랫폼에 등록하면 이에 구직자는 분 단위로 쪼개진 건당 단기 일자리를 얻을 수 있는 구조다.

우리 일상에서 흔히 마주치는 음식 배달원(배달라이더), 대리 운전기사, 퀵서비스 노동자, 택배·배송 노동자는 어떠한가? 호출형 '임시직 노동자' 혹은 일반적으로 '플랫폼 노동자'라고 알려진 이들 노동군은 플랫폼의 물리적 자원 흐름을 위한 실핏줄 같은 역할을 떠안은 지 오래다.

'언택트' 경제는 자동화된 소비에 비례해 아이러니하게도 더 많은 인간 노동을 동원해야 가능한 플랫폼 체제에 의지하고 있다. 플랫폼은 코로나19 생활고와 실직으로 고통받는 많은 사람을 플랫폼 노동 종사자로 대거 흡수하며 노동문화의 풍경을 바꾸고 있다. 플랫폼은 데이터 알고리즘 분석을 통해 노동자의 동선을 통제하는 능력을 갖추자마자, 불과 몇 년 사이 우리 사회에 '새벽 배송'과 '총알 배송'이라는 반反노동의 배달 문화까지 정착시켰다. 산업 기계장치에 끼이고 깔려 매일같이 죽임을 당하는 산업 노동자처럼, 오늘날 플랫폼 노동자의 과로사와 사고사 비중 또한 크게 늘고 있다.

플랫폼 노동의 증가로 인해 신규 고용 창출이 많이 늘어난 듯 보이기도 한다. 하지만, 숫자 너머 한 꺼풀 뒤집어보면 상황이 좀 다르다. 플랫폼 기술로 형성된 자원 유통 방식의 급격한 기술혁명과 맞물려 코로나19 재난 시대 일자리를 잃은 이들의 노동을 값싼 심부름꾼으로 탈바꿈하고 있다. 실상은 이들이 안정된 정규직이라기보다는 배송과 배달 업무 급증에 따른 비정규직 단기 임시직이라는 점을 기억해야 한다. 코로나19 국면 국내외 유통업체들의 물류창고 자동화와 연동된 불완전 노동 고용 방식은 앞으로 비대면 자동화 경제가 우리에게 선사할 정확한 민낯이라고 볼 수 있다.

노동자의 심신을 피폐화하는 하류 노동

플랫폼은 상대적으로 안정된 전통의 일감들조차 위태롭고 질 나쁜 단기 임시직으로 만들어 흡수한다. 가령, '그림자 노동'은 공식 임금노동 체제에서 소외된 무급의 가사·재생산 노동을 지칭해왔다. 이는 주로 '집안 여성' 혹은 '주부'의 일이자 '일하는 남성'을 위해 조력하는 무상(무보수)의 일로 취급되었다. 플랫폼은 그림자 노동을 인력시장의 공식 경제 영역으로 편입한다. 청소, 돌봄, 가사 도우미, 감정노동 등 비가시·비공식 노동이 일개 용역업체에서 관리되다가 플랫폼을 통해 중개된 대규모 노동시장으로 통합되고, 근무 또한 잘게 쪼개진 시간으로 거래되기 시작했다.

잘 알려진 것처럼, 플랫폼은 전통의 노사 고용관계를 해체한다. 그 안에서 기업주와의 노동계약은 독립 사업자의 서비스 규정으로 대체된다. 이로 인해 플랫폼은 노동자 보호 책임을 회피한다. 그러다 보니 산업재해 등 기업 비용을 개별 노동자에게 흔히 외주화하기도 한다. 플랫폼 인력시장에서 누군가의 업무는 다른 누군가에 의해 언제든 빠르고 쉽게 대체할 수 있다. 늘 유사 과업을 하려는 노동자들은 넘쳐나기 마련이다.

오늘날 온라인 플랫폼 환경은 물질의 보조 없이도 우리 인간이 삶을 잘 유지할 수 있을 것 같은 착각을 불러일으킨다. 인간의 데이터 흐름이 주로 온라인에서 이루어지지만, 그것이 오프라인의 물질 조건 없이는 작동이 불가한데도 말이다. 이제까지 보았던 유령 노동, 임시직 노동, 그림자 노동 등 각종 플랫폼 노동이 디지털 가상경제 이면의 살아 있는 현장의 물질 조건임을 종종 잊는다.

플랫폼의 제대로 된 본모습을 읽기 위해서는 줄곧 외면되어온 '하류 노동(언더기그undergig)'을 들여다봐야 한다. 하류 노동은 디지털 자동화를 물리적으로 떠받치는 IT 업계의 제조 노동으로 볼 수 있다. 예컨대 남반구 아동·여성 착취 노동, 반도체 부품 노동, 휴대전화 조립 노동, 성·폭력 영상 필터링 등 콘텐츠 조정 노동, 디지털 가상통화 채굴 노동, IT 지원 노동, 코발트 광물 채집 노동, IT 실험실 청소 노동 등이 가상 플랫폼을 떠받치는 하류 노동에 속한다.

하류 노동은 유령·임시직 노동보다도 저가치·저평가되어 있다. 이는 18세기 영국 산업혁명 초창기에 노동자들의 심신을 피폐화하던 '독성'화된 노동과 닮은꼴이다. 하류 노동의 존재와 실체는 인공지능 등 신기술이 청정의 장밋빛 미래인 양 포장되는 디지털 혁신의 신화를 여지없이 깨뜨린다. 청정의 무색무취한 것처럼 보이는 플랫폼 신기술이 남기는 독성은 인간 생태의 골칫거리이자 앞으로 더욱 노동하는 몸과 정신에 스며들어 각종 신체 질병과 트라우마와 우울증의 상흔을 남길 것이다.

플랫폼 노동의 미래

'플랫폼 사회 공장'에는 생계를 위해 이렇듯 알게 모르게 몸을 움직여 생존을 도모하는 수많은 노동자가 끝도 없이 실타래처럼 얽혀 있다. 플랫폼은 직접 고용 없이도 우리 주변의 살아 있는 거의 모든 인간 노동력을 끌어모으는 원심력을 구동한다. 이를 통해 신기술은 노동의 소멸이 아닌 질 나쁜 노동의 무한 증식을 낳는다.

이제 플랫폼은 소위 '경제활동인구'에 제한 없이 그들의 노동력을 사회 그 자체에서 공급받아 운영하는 수준에 이르렀다. 디지털 문화에 밀착된 우리의 현대 삶을 보라. 동시대 플랫폼을 지탱하는 가장 큰 원동력은 스마트폰을 쥔 평범한 이들의 수많은 데이터 활동을 포획하는 능력에 있지 않았던가. 남녀노소 할 것 없이 매 순간 우리의 데이터 활동은 거의 자발적으로 대가 없이 플랫폼에 흡수되는 것이 관례다. 간혹 SNS 인플루언서나 유튜버 셀럽 등 직업적 크리에이터들이 억대 수익을 올리는 예외적인 현실이 있지만 말이다.

대부분 우리는 플랫폼에 '데이터 무급 노동'을 24시간 제공하는 처지에 있다. 물론 자발적으로 좋아서 하는 노동이자 활동에 가깝다. 우리가 그렇게 생성한 데이터와 영상 콘텐츠 활동의 결과물은 일단 플랫폼들을 거치면 대부분 무상·무급 노동으로 사업자에게 포획된다. 플랫폼은 그렇게 우리 사회의 활동을 노동으로 포획하고 흡수하는 블랙홀처럼 변한다.

코로나19 충격 속에 빅테크 플랫폼들의 성장은 갈수록 인간 노동 상황을 위태롭게 만들고 있다. 플랫폼은 우리 사회의 양극화와 노동의 '불안정성'을 극대화할 공산이 크다. 더 늦기 전에 플랫폼 시장의 폭주 제어뿐만 아니라 노동 사회의 폐해에 맞서 대안적 플랫폼 기술 설계를 진지하게 모색해야 한다.

구체적으로, 당장은 자동화 열풍에서 쉽게 가시권에 잡히지 않는 '위태로운' 플랫폼 노동 문제를 사회 의제로 공론화하는 일이 중요하다. 노동의 사회적 성격 변화에 맞춰 근로기준법이 재정비되고 사회안전망이 마련되어야 한다. 무엇보다 파편화된 노동 방식으로 인해 상대의 존재조차 확인하기 어렵지만, 위태로운 노동 조건에 맞설 수 있는 노동 주체의 사회연대와 플랫폼 저항의 방식을 꾀하는 일이 그 시작점이 되어야 한다.

알고리즘의 무자비성과
노동 인권의 실종

플랫폼 앱에 매달린 노동자

역사적으로 자본주의 기술은 노동에 많은 변화를 유발해왔다. 기술은 일자리를 없애고 빼앗기도 했지만, 새롭게 신생의 일자리를 가져오기도 했다. 기술은 공장의 생산성 향상, 물류 자동화, 조직 효율화에서도 빛을 발했다. 허기 가득한 기술은 이제 공장과 사무실의 시공간 제약을 넘어 노동의 반경을 사회 전체로 확장하고 있다. 가령, 우리의 일상 속 기술 감각을 좌우하는 플랫폼 배달 노동과 택배 노동을 떠올려보라. 이제 우리 대부분이 플랫폼 앱에 매달린 배달 주문과 배송 노동 형태에 익숙해졌다.

　문제는 생각만큼 지능형 기술이 노동자에게 별로 친화적이지 않다는 데 있다. 전통의 산업 기술이 그랬던 것처럼 디지털 기술도 그리 인간을 평등하게 대하지도 않고 상호적이지도 않다. 매일같이 기계에 짓눌린 산업 현장에서 재해로 다치거나 생명을 잃는 생산직 노동자처럼, 스마트폰 앱에 매달린 플랫폼 노동자 또한 빈곤, 과로사, 사고사, 우울과 트라우마에 지속적으로 노출되어 있다.

　비극의 출발은 무엇보다 기술은 그것을 경제적으로 부리는 자의 욕망을 주로 투사한다는 데 있다. 노동 과정으로 보면, 기술은 일하는 이의 생체리듬보다는 회사의 목푯값에 맞춘 도구적 합리성에 충실하다. 자본주의 기술은 인간의 산노동을 자동화 기계의 효율 논리에 복속시키는 강제적 폭력성을 발휘하며 질주해왔다.

　'제4차 산업혁명'이라 불리는 빅데이터 신기술의 자동화 경향도 이와 크게 다르지 않다. 첨단기술은 겉보기에 화려하고 세련되어 보이지만, 그 또한 노동 과정에서 노동자를 소외시킨다. 오늘날 노동 소외는 일종의 공장 기계 자동화에 견줄 수 있는, 플랫폼의 암흑상자(블랙박스)화된 알고리즘 설계로 인해 발생한다. 이는 노동자의 '기술 예속' 문제를 크게 일으킨다. 이 알고리즘 기술은 노동권의 위협에 직접 관여하면서도 기업의 영업 비밀로 간주해 외부에

꼭꼭 숨겨져 있다.

이제까지 기술이 일상에 주는 편리와 효율로 인해 디지털 노동 과정에서 벌어지는 '기술 예속' 문제가 크게 주목받지 못했다. 국가 경제의 성장·발전과 비교하면 디지털 기술이 산노동에 미치는 예속 효과를 심각하게 취급하지 않았다. 디지털 기술이 경제와 사회의 경계를 허물고, 아니 그 기술이 사회를 조직하는 논리로 득세하고 나서야, 우리는 신생 기술이 인간 심신을 피폐화하는 문제를 좀더 심각하게 읽기 시작했다.

판교 노동문화의 민낯

혁신의 메카라는 경기도 판교 일대의 노동문화를 보자. 2021년 5월 네이버 노동자가 업무 스트레스에 시달리다 극단의 선택을 했다. 카카오와 네이버 모두 초과 근무 등 근로기준법 위반 사례가 무더기 적발되었다. 넥슨은 프로젝트가 사라진 직원들에게 차별적인 월급 삭감과 대기 발령을 해서 노조의 큰 반발을 샀다. 이들 국내 빅테크 기술 노동의 실상은 불법 연장 근무, 스트레스 압박과 폭력, 노동 외 시간 통제, 임산부 시간 외 근무, 과도한 근태 관리와 직무 경쟁 체제 등 구태와 크게 다르지 않다는 것이 드

러났다. 전근대적인 노동 관행과 새로운 기술 혁신 논리가
한데 뒤섞여 기괴한 '판교 노동문화'를 만들어내고 있는
셈이다.

　　혁신 주도, 유연 노동, 높은 연봉, 수평 조직 등이 판
교 노동문화의 자랑이자 상징이던 때가 있었다. 성공한 이
곳 창업자들이 사회 기부 선언까지 하면서 일부 극우 언론
에서는 제조업 중심의 '구체제 세습 재벌'과 다른 '신체제
자본가'가 탄생하는 것 아니냐는 섣부른 기대감까지 불러
일으켰다.[12] 하지만 판교의 혁신 논리에 전근대적이고 후
진적인 노동문화가 얼마든지 쉽게 들러붙을 수 있다는 평
범한 사실을 대개는 얕봤다.

　　야근과 밤샘 근무를 반복하는 이른바 '크런치 모드
crunch mode(소프트웨어 개발 업계에서 마감을 앞두고 장시간 업
무를 지속하는 문화)'로 인해 한 게임 개발자가 과로사하면
서, 신기술의 노동환경 또한 가혹하다는 사실을 공식적으
로 세상에 알린 때가 2010년대 중반쯤이다. 그로 인해 닷
컴기업에도 하나둘 노조가 만들어졌다. 그런데도 노동 현
실은 크게 변하지 않았다. 아직도 "스타트업이라서 근로기
준법을 위반해도 된다"는 논리가 지배적이다. 기술 혁신을
주도한다는 특권 의식이 노동 권리에 대한 현실 감각을 마
비시킨 꼴이다.

　　디지털 기술이 노동자에게 미치는 심리적 압박이 새

로운 노동 재해 문제로 부상하고 있다. 한때 직장인들 사이에서 '카톡 지옥'이라는 말이 유행한 적이 있다. 현실의 조직 위계 문화가 온라인 단톡방에 심리적 스트레스로 이어졌기 때문이다. 판교 스타트업 업계는 여전히 "팀장이 퇴근 후와 주말에 단톡방에서 폭언하고, 바로 응답하지 않으면 욕설을 퍼붓는" 불행한 현실에서 산다. 프랑스 등에 근무시간 외 '연결되지 않을 권리right to disconnect'가 진즉에 도입된 것과 비교해보면 우리의 노동 상황은 하늘과 땅 차이다.

판교 일대의 근로기준법 위반 사항은 주로 초과 근무였다. 문재인 정부 시절 주당 법정 근로시간이 52시간으로 단축되면서 편법을 통해 노동 강도를 높이고자 했던 기업 욕망이 컸다(윤석열 정부에서는 '주 52시간제 유연화'와 특별 연장근로 방안을 내놓으면서 법정 노동시간 제한조차 무위로 되돌리려 하고 있다). 여기서 디지털 기술은 기업에 초과 근무를 감추거나 법정 노동시간을 초과하기 위한 편법 수단으로 등장한다. 일부 업체들은 근태 관리 시스템에 근무시간을 실제보다 적게 입력하거나 휴식시간을 늘려 잡아 법정 노동시간을 초과해 근무하도록 하는 등 꼼수를 썼다.

기술로 매개된 근태 관리에 대한 적극적인 기업 욕망은 이미 공공연한 사실이 되었다. 한 대형 게임업체는 분 단위 근태 관리 시스템을 도입해 물의를 빚은 적이 있다. 직원 컴퓨터가 15분 이상 미동이 없으면 '비업무 상태'로 전환되고 초과시간에 무엇을 했는지 사유를 기록하도록 했다. 별다른 소명이 없다면 초과시간은 공식 근무시간에서 차감된다. 또 다른 게임사는 개인 컴퓨터의 근무 접속 상태가 아닌 회사 출입문의 '스피드 게이트'를 통해 업무 공간과 비업무 공간을 구별해 통제하는 방법을 택했다. 즉, 게이트를 지나 5분 이상 업무 공간을 벗어나면 근무시간에서 제하는, 비슷한 근태 관리 시스템을 운영했다. 혁신을 주도하는 판교에서 기술은 이렇듯 반노동 인권의 알리바이로 기능해왔다.

인공지능의 '알고리즘 경영'

판교 바깥 노동 상황은 어떨까? 산업계 전반에서 발견되는 전근대적 노동문화인 '다단계 하도급 노동'이 IT 노동업계에도 일반화되는 추세다. 여러 층위의 노동력(대기업의 원청 정규직 노동자, 하청업체 정규직과 프리랜서, 플랫폼 개인 프리랜서 등)이 복잡하게 얽혀 있다. 개발자를 직접 고용해서 파견을 보내거나 플랫폼으로 중개해 프리랜서를 연결해주고 수수료를 취하는 노동력 매매의 중간 착취 구조가 일상화되어 있다. 그리고 불로소득을 누리는 소위

'IT 보도방' 용역 파견회사가 늘고 있다. 우리 사회는 선진의 기술 영역과 구악의 노동문화가 같이 동거하면서 기괴하고 위태로운 노동 용역시장을 형성하는 모양새다.

　　신기술로 버무린 후진적 노동 관행은 판교 노동문화보다 수도권 도심 지역의 '플랫폼 노동' 현장에서 더 일반적이다. 배달·택배 노동, 가사와 돌봄 노동 등 단기 플랫폼노동자들의 생존은 더는 기술과 분리하는 것이 불가능하다. 이상하리만치 기술은 노동 인권 문제가 심각한 현장일수록 산노동에 치명적인 방식으로 더 잘 들러붙는 습성을지닌다.

　　인공지능 알고리즘 기술과 맞물리며 신흥 플랫폼 노동의 질 나쁜 일감이 늘고 있다는 것은 이미 잘 알려져 있다. 플랫폼은 대부분의 노동 과정을 알고리즘 자동화하는경향을 띤다. 주요 플랫폼 배달 대행업체들은 노동자에 대한 직접적 지휘나 감독 대신 알고리즘 통제 방식으로 급격히 옮겨가고 있다. 개별 노동자에 대한 지휘 감독과 통제를인공지능 알고리즘 기술에 위임하고 있다. 가령, 배달 대행출근부 앱 운영, 알고리즘 자동 강제 배차, 노동자 동선과시간 관리, 고객 별점을 통한 노무 관리, 경쟁적 노동 성과측정과 벌점제도 등 폭넓게 지능형 기술을 통해 노동 통제를 구사하고 있다.

　　분초 단위로 노동자의 작업장 내 시간 효율과 공간

동선을 최적화하려 했던 프레더릭 테일러Frederick Taylor
의 '과학적 경영'은 비로소 신기술의 도래와 함께 우리
의 현실이 되었다. 중간 보스에 의한 감독이나 지도 대신
다양한 인공지능 알고리즘 분석에 의한 효율적 노동시간
계산과 최소 동선을 예측하는 '알고리즘 경영algorithmic
management'이 일반화한다.

이를테면, 고객 주문에서 식당 조리 시간, 픽업, 배
달, 전달, 최종 결제까지 걸리는 거리와 시간은 개별 노동
자의 이동 과정을 알고리즘에 의해 단계별로 나누고 분 단
위로 쪼갠 뒤 최적의 배달 시간으로 미리 계측된다. 건당
배달 노동 단가는 매분 단위로, 그리고 우리가 모르는 배달
노동 권역에 따라 복잡하게 변덕스레 요동친다. 플랫폼들
은 자체 지능기계의 계산식을 갖고 노동력의 강도와 배치
를 조절하는 알고리즘 실험을 거듭한다. 물론 산노동은 알
고리즘의 부름에 응하도록 강제된다.

판교 바깥에서도 기술은 노동 수행의 강도를 늘리는
쪽으로 작동한다. 플랫폼 노동에서 강제 배차 수락률, 정시
위반, 지각, 배달 완료 비율, 고객 별점과 평점 등은 데이터
수치로 계산되어 차곡차곡 쌓여 개인 노동 성과를 알고리
즘 등급화하고 노동자 사이에 성과 경쟁으로 이어져 심리
적 불안과 스트레스를 가중한다. 간혹 플랫폼 기술이 일으
키는 버그나 오류로 피해를 보아도 이에 구제 요청을 하거

그림 3 플랫폼 배달 앱의 직선거리 경로(왼쪽)와 네비게이션의 추천 경로(오른쪽).

나 시스템에 저항하기 어렵다. 노동권의 박탈 또한 의외로 간단하고 기술 의존적이다. 알고리즘의 계산법에 따라 해고 판결이 이루어지는데, 문자 공지, 플랫폼 접속 차단, 계정 중지, 계정 비활성화 등이 흔한 계약 해지 방식으로 이용된다.

기술이 뭐든 주도하다 보니 융통성 부족이나 미숙으로 인해 의도치 않게 '알고리즘의 무자비성algorithmic cruelty'

이 불거진다는 주장이 제기되기도 한다. 일면 맞는 말이지만, 그것은 문제의 본질이 아니다. 라이더유니온 조합원들이 배민·쿠팡이츠·요기요의 인공지능 알고리즘 시스템을 직접 검증한 것처럼, 운행할 수 있는 길이 아닌 지도 위 직선거리로 배달을 추천하는 알고리즘 사례는 의도된 것일까, 아니면 비의도적인 것일까?(〈그림 3〉)[13] 미숙한 알고리즘 기술에 책임을 전가하기 전에 노동 현장을 점검하면 문제는 쉽게 풀린다. 위태로운 노동을 마냥 방치하고 있다면, 알고리즘의 '비의도적' 무자비성이나 기술 그 자체의 미숙을 주장하는 것은 사실상 연막에 불과하다.

노동자를 위협하는 알고리즘

우리가 보통 기술 설계 오류나 결점으로 다루는 것들은 이미 의도성을 지닌 편향적 설계와 뒤섞이기도 한다. 대개 기술이 인간을 적대시하는 상황은 산노동의 생체리듬을 무시하려는 기업가의 욕망에서 기인한다. 판교 일대 정규직 노동문화의 이상 기류가 이제야 포착된 것은 다소 늦은 감이 있다. 무엇보다 우리 사회 도심 속 플랫폼 노동은 기술 예속형 노동문화의 퇴행성을 여지없이 보여주고 있다. 판교 안팎의 안정된 일자리건 불안정 플랫폼 노동이건 '의도된' 기술의 무자비성에 심각하게 노출되어 있는 것이다.

신기술은 노동 수행 과정에서 생성되는 부스러기 데이터 분석을 통해 기업 조직의 무자비성을 대리 행사한다. 노동자 데이터의 적정 보호를 위해서는 노동 과정 중 데이터의 자기결정 권리와 일과시간 외 어떤 업무와 '연결되지 않을 권리'의 보장이 시급하다. 유럽의 일반 데이터 보호 규정General Data Protection Regulation, GDPR 수준에서 노동권을 위협하는 알고리즘 기반 노동 통제에 대한 강력한 규제안을 마련해야 한다. 급박하게는 노동자 기본권을 위협하는 자동화 알고리즘의 활용 범위와 수위 조절 등을 상시 논의할 노사 협의 테이블이 필요하다.

2021년 6월, 국내 대표적인 플랫폼 배달과 배송 앱 운영업체인 쿠팡의 경기도 이천 물류센터에서 대규모 화재 사고가 났다. 그 사회적 파장은 컸다. 노동안전 불감증에 분노한 시민들이 쿠팡 보이콧(불매)과 앱 탈퇴 운동까지 벌였다. 시민들은 "혁신을 빙자해 노동자 목숨을 헐값" 취급하며 "사람 잡는 새벽 배송은 더는 필요 없다"고 외쳤다. 이제 우리 사회 혁신과 노동의 자리가 무엇인지 진지하게 따져봐야 할 시점이다.

택배상자 손잡이 구멍과
약자의 기술정치학

비대면 자동화 사회

코로나19 국면은 우리 사회의 거의 모든 것을 바꾸었다. 물리적 대면보다는 마스크 착용과 '사회적(물리적) 거리 두기'가 바이러스 감염을 막는 필수 조건이 되었다. 이제는 '언택트' 관계를 새로운 일상, 즉 '뉴노멀'로 자연스레 받아들이게끔 했다. 어쩌면 바이러스 감염의 재앙 시대에 이른바 '비대면 자동화 사회'로 가는 국가 전망은 당연한 수순처럼 보인다. 바이러스 변이 속에서도 청정의 소비가 가능한 자동화 사회의 전망 말이다.

문재인 정부의 '한국형 뉴딜'은 재난형 자본주의 모델로서 비대면 자동화 사회로 나아가는 경제 추진 동력이 되었고, 이제 윤석열 정부는 국가의 대국민 업무를 인공지능화하는 '디지털 플랫폼 정부' 구상을 제안하고 있다. 물론 이 두 슬로건이 우리에게 선사할 미래는 플랫폼과 인공지능 기술에 기댄 '선도 국가'와 '디지털 경제 패권 국가'의 위상이다.

항상 그렇지만 미래는 현실 안에 이미 존재한다. 앞서 플랫폼과 인공지능이 결합한 위태로운 노동의 양상들을 본 것처럼, 오늘의 노동 현실은 미래를 징후적으로 보여준다. 바이러스에 면역되고 청정의 매끈하고 편리한 일상을 얻기 위해, 약한 고리에서 시작된 사회적 약자의 고통과 희생이 갈수록 깊어지고 있다. 플랫폼과 앱의 편리한 비대면 시장이 열릴수록, 자본주의의 야만은 거세진다.

플랫폼 장치에 연결되어 택배, 돌봄, 배달, 퀵서비스, 물류 등 물리적 신체 노동을 수행할 수밖에 없는 유령·그림자 노동자들의 과로사와 사고사가 급증하고 있다. 비대면 소비시장을 위해 노동 약자는 사회의 가시권 밖으로 사라지고 사회적 돌봄의 외부로 밀려났다. 사회적 안전장치의 부재로 말미암은 위태로운 '죽임'들이 잠깐이나마 단신 뉴스로 언급되어야 그나마 공적 시선에 노출된다. 그도 시간이 지나면 텅 빈 숫자로 기록되어 우리의 기억에서 잊힌다.

택배상자의 착한 손잡이

우리 사회에서 택배상자의 손잡이 구멍을 내는 것에 대한 논쟁이 크게 일었던 적이 있다. 과다 적재된 택배상자들의 분류나 배달 일이 잦아지면서 가중되는 허리 통증과 근육 파손으로 인해 노동자들의 산업재해나 과로 상황을 완화하자는 우려의 목소리가 크게 제기되었다. 반면에 대형마트나 배송업체들은 박스에 작은 구멍을 하나 내는 데 비용, 위생, 안전 등 이런저런 이유로 반대를 거세게 해왔다. 결국 택배상자 손잡이 논의는 노동 권익 문제로 2019년 국회 국정감사에서 크게 주목을 받고 고용노동부 장관의 약속까지 있으면서 개선이 쉬 이루어질 것으로 여겨졌다. 실제 배송·배달 노동자들의 근골격 질환 예방을 위한 '상자 손잡이 가이드'까지 만들어졌다.

불행히도 그 이후로 노동 현장은 크게 바뀐 것이 없다. 윤석열 정부 들어 언제 그런 일이 있었던가 싶을 정도로 '택배상자 손잡이' 논의에 대해 대부분 잊은 지 오래다. 지금과 같은 노동시간 유연화 정책 등 반노동 인권 상황 아래에서 택배상자 손잡이는 필수 노동자의 분에 넘치는 요구가 되었다. 사회가 노동을 대하는 누적된 시선이 여전히 강고하다. 하찮아 보이지만 이 작은 구멍 내는 일의 어려움은 우리 사회의 노동에 대한 존중과 신뢰 수준을 극명하게 보여준다.

　　택배상자에 아주 단순한 손잡이 구멍을 내는 일도 이럴진대, 일상 삶을 영위하는 인간에 밀착된 첨단기술의 설계 문제는 더욱 정치적일 수밖에 없다. 시장은 물론이고 사회 전반에서 플랫폼과 인공지능 등 첨단기술이 범용 인프라가 되어가는 우리 현실을 보자. 가령, 알고리즘 기술을 통해 배달라이더들의 플랫폼 노동 과정과 성과를 통제하더라도 노동자 스스로 그 전체 기술 맥락을 이해하기도 어렵거니와 플랫폼 업체들의 암흑상자와 같은 디지털 알고리즘 통제 기제에 쉽게 저항하기도 힘들다. 게다가 특정한 지능 설계가 한 번 굳어져 익숙해지면 문제가 있더라도 택배상자에 구멍을 내는 것 이상으로 개선을 요구하기가 더 어려울 수 있다.

　　우리 현실을 비웃듯, 갈수록 인공지능 알고리즘의 자동 설계가 일상이 되어간다. 포털사이트와 소셜미디어, 면접, 구인·구직, 배달, 주문, 추천, 예측, 판결, 관리 시스템 등에 두루 착근되어 운용된다. 자동화된 알고리즘 설계들은 일과 일상에서 효율과 생산성을 높이는 수단으로 주목을 받는다. 문재인 정부의 '인공지능 국가 전략'이나 윤석열 정부의 '디지털 플랫폼 정부' 계획을 정부가 나서서 대대적으로 발표했던 일은 실제 지능형 자동화 기술을 통해 사회 효율을 극대화하는 데 '올인'하겠다는 의지로 읽을 수 있다.

인공지능 알파고의 충격이 채 가시기도 전에, 이미 그를 훨씬 능가하는 인공지능 기술들이 속속 등장하고 있다. 지능형 기술의 가속화 국면이다. 하지만 일반인이 현실에서 피부로 직접 느끼는 기술은 'B급' 불량의 인공지능과 플랫폼 기술 정도가 아닌가 싶다. 포털사이트의 뉴스 순위는 매번 신뢰성에 대한 의심으로 번지고, 광고주에 의한 자동 추천은 임의적이다.

자극적인 가짜뉴스들은 늘 우리 시선을 배회하고, 플랫폼에 매달린 프리랜서 노동자들은 점점 의도를 지닌 '무자비한' 알고리즘 노동 통제에 맞닥뜨려야 하며, 인공지능의 기능을 향상하기 위해 데이터 레이블링data labeling (인공지능을 만드는 데 필요한 학습 데이터에 일종의 '라벨'을 붙여주는 작업) 등 신종 '공공근로사업'에 동원된 뉴딜 청년들은 단기 허드렛일인 유령 노동에 동원된다. 이 인공지능 기술로 구현되는 현실 사회의 리얼리즘은 생각보다 불량하고 후진적이다.

인공지능의 편향과 왜곡

혹자는 기술 혁신이 거듭되면 이 모든 덜거덕거리

는 기술 불량이나 미흡처럼 보이는 문제가 자연스레 사라질 것이라고 단언한다. 이를테면, '성긴' 자동 알고리즘의 기계학습 오류를 잡아나가면 자동화 기술이 저지를 수 있는 학습 오류는 물론이고 사회적 편향이나 편견 또한 개선되는 효과를 거둔다고 보는 기술 낙관론이 우세하다. 시각 이미지 식별 능력과 관련해서 보면, 개와 고양이, 돌과 음식, 흑인과 고릴라 등 인공지능의 식별 오인誤認을 일으켰던 '적대적 사례'들은 지능기계의 학습량이 늘면서 이미 해결되었고, 대부분 사물 식별 정확도가 99퍼센트 이상 향상되었다는 주장이 대표적이다.

하지만 흑인을 고릴라로 오인했던 구글의 인공지능 오류는 기술 체제 내부의 문제라기보다는 기술 체제에 연동된 사회적 차원의 인종차별 문제를 제기한다.[14] 이는 기술적으로 충분한 다인종 데이터 세트를 고려하지 못한 기계학습 오류이기도 했지만, 바로 그 자동 알고리즘을 짰던 백인 남성 개발자의 인종적 편견과 감수성 부재의 소산이기도 했다.

지능기계의 기술 디자인은 택배상자와 달리 밖에서 보면 안이 비치지 않는 암흑상자와 같아 이에 각인된 사회문화적 편견이나 오류는 사안이 크게 문제시되기 전까지 쉽사리 드러나지 않는다. 구글의 사례처럼 인종 등 사회문제로 불거지면 오류가 잡힐 가능성이 있다. 문제는 이보다 더 깊게 박힌 사회문화적 맥락의 2차적 의미에서 발생하는 인공지능의 편향과 왜곡이다. 이는 기술적 버그처럼 잡힐 수 있는 성질의 것이 아닌, 기술의 사회적 형성과 관계에 기인한다.

인공지능 자동화 기술이 우리 판단과 취향, 노동과 생존을 규정하는 경향을 보라. 늘 기술은 그 기능적 효과와 더불어 사회문화적 층위와 씨줄·날줄처럼 긴밀히 엮여 있다. 그나마 인공지능의 사회적 구성에서 발생하는 문제를 풀기 위한 긍정적인 움직임은 국제사회에서 인공지능 윤리나 가이드라인 혹은 원칙에 대한 요구가 많이 늘어나는 데 있다. 인공지능 기술이 사회에 미치는 영향력이 커가는 것에 대한 우려를 담아 각국 정부, 기업, 국제기구, 학계 연구소, 시민사회 등이 관련 윤리 장전이나 원칙을 속속 마련하고 있다.

'사람 중심' 인공지능의 한계

2020년 1월 미국 하버드대학 버크먼 클라인 센터Berkman-Klein Center에서 발행한 「인공지능 원칙들 Principled Artificial Intelligence」이라는 보고서에서는 전 세계에서 발표된 40여 개의 중요한 인공지능 윤리, 가이드라인, 선언, 전략, 원칙 등을 모아 소개하고 있다.[15] 이 센터는 이들 선언에서 몇 가지 공통 주제 혹은 최소 원칙을 확인했다. 즉, 대부분 이 원칙들은 프라이버시 보호, 책임성, 안전과 보안, 알고리즘 투명성과 설명 가능성, 공정과 비차별, 기술의 인간 통제, 직업적 책무, 인본적 가치의 진흥을 명시하고 있다. 물론 이 인공지능 원칙은 한 사회에 지능형 기술을 도입할 때 일반 규범 차원에서 따라야 할 내용 정도로 볼 수 있다.

이 보고서는 인공지능 도입에 대한 최소한의 공통 세부 원칙들이 필요하나, 국가나 지역 혹은 주체(기업·정부·시민) 등에 따라 각 원칙에 대한 강조나 비중이 각기 다를 수밖에 없다는 점을 확인해주었다. 국내에서도 2020년 11월 '인공지능 윤리 원칙'이라는 이름으로 방송통신위원회와 정보통신정책연구원이 주도해 해외의 흐름에 맞춰 유사한 윤리 원칙을 내놓았다.

해외 인공지능 가이드라인이나 국내 윤리 원칙 마련은 단순히 '착한' 시스템 개선을 통한 공학적 해결에 의지하던 오랜 태도를 벗어났다는 점에서 진일보했다. 말하자면 기술 그 자체의 논리에서 '인간 중심' 혹은 '인간 주도'의 알고리즘 접근으로 논의를 틀었다는 점에서 주목할 만하다. 하지만 자세히 뜯어 살펴보면 '사람 중심' 인공지능 또한 본질적인 한계를 보인다. 우선 사람 중심의 관점에서는 알고리즘 '편견'의 원인을 개발자 인성이나 기업 윤리 의식 문제로 보고 접근하는 제한적 시각이 여전히 우세하다.

게다가 주요 닷컴기업들은 실상 '사람 중심' 윤리 원칙을 마련하는 일에 꽤 적극적인데, 정부의 알고리즘 규제나 시민사회의 비판을 누그러뜨리기 위한 사전 정지 작업으로 이를 적극적으로 활용하는 까닭이다. 가령, 인공지능 챗봇 이루다 사건이 터졌을 때 정보통신업계 스스로 흉흉한 민심을 수습하고 규제의 강한 칼날을 피하고자 선제적으로 이 '사람 중심'의 인공지능 윤리 원칙을 만들기 위해 분주했던 경험을 떠올릴 필요가 있다.

'사람 중심' 인공지능 접근은 여전히 기술을 구조적 억압의 문제로 바라보는 심층 감각이 부족하다. '사람 중심', '참여', '포용'이라는 정책 개념어들이 우리 사회에서 진즉에 텅 빈 미사여구처럼 된 현실에서는 더욱 그렇다. 외려 인공지능의 특정 설계에 연결된 첨예한 구조적 양극화와 이에 저항할 기술정치학의 관점을 써넣을 필요가 있다. '사람 중심' 인공지능 시각만으로는 사회적 약자들이 관여해 어떤 목소리를 내거나 권리를 찾을 수 있는 경로가 택배상자에 손잡이 구멍을 내는 일 이상으로 어렵다.

약자와 타자를 위한 인공지능의 인권 원칙

인공지능 기술 원칙에 처음부터 약자 인권 존중의 관점과 태도가 각인되어야 함은 어찌 보면 당연한 일이다. 단순히 '착한' 인공지능이라는 공학적 기대나 개발자의 윤리·덕목으로 취급하기에는 인공지능이라는 큰 기술은 구조적 성격이 너무 강하고 자본주의적 권력과의 연결망이 촘촘하다. 이런 구조적 기술 현실에서 '사람 중심'의 인공지능 원칙은 현실감 없는 맥 빠진 수사학이 되거나 기실 어떤 사회적 약자도 대변하지 못하는 빈말이 될 공산이 크다. 오히려 제2차 세계대전 후에 세계인권선언에서 일찌감치 제기된 모든 인간의 차별 없는 존엄적 삶의 권리와 기본적 인간 자유에 대한 강조처럼, 이를 계승하는 인공지능의 민주적인 설계 원칙이 적극적으로 마련될 필요가 있다.

인공지능 기술의 숙고 없는 사회적 확장을 우려하는 전 세계 시민사회의 적극적인 개입은 주목할 만하다. 가령, 독일 알고리즘 와치AlgorithmWatch의 「자동화 사회 보고서」, 액서스 나우Access Now의 「인공지능 시대 인권」 보고서, 국제인권단체 앰네스티 인터내셔널Amnesty International의 「토론토 선언」, 더 퍼블릭 보이스The Public Voice의 「인공지능 일반 가이드라인」 브뤼셀 선언, 국제노동기구ILO의 「일의 미래」 보고서, 뉴질랜드의 「알고리즘 헌장」, 유네스

코 국제전문가그룹Ad Hoc Expert Group의 「인공지능 윤리 권고안」 등이 함께 강조하는 대목을 잘 관찰할 필요가 있다. 이들의 공통점은 '사람 중심'의 인공지능이라는 모호한 정의 대신 미래 인공지능과 플랫폼 시대 약자 보호와 인공지능 인권 지향의 기술민주주의적 설계 원칙을 더욱 분명히 하고 있다는 데 있다.

비대면 청정 사회에 대한 조급증은 우리 사회에 인공지능 자동화라는 기술 해법을 더욱 강제적인 방식으로 밀어붙일 명분을 줄지도 모른다. 그럴수록 인간 의식은 알고리즘 판단에 의존하며, 기술 예속의 길을 걸을 위험성이 크고, 인공지능 자동화와 만성 경기 침체로 단기 노동자는 더욱 늘어날 것이며, 플랫폼 알고리즘 장치로 매개된 일상의 소비와 노동 활동에 대한 기술 통제가 더 내밀해질 것이다.

이들 첨단 지능형 기술에 다치고 강제 예속되는 약자와 타자를 위한 인공지능의 인권 원칙을 우리 현실에 구체화하기 위한 범사회적인 숙의 과정이 필요하다. 이에 더해 인공지능의 사회 대안적 윤리 원칙을 찾으려는 국제 시민사회의 기술 인권 모델에 대한 모색은 우리에게도 긍정적 시사점을 줄 것이다. 곰곰이 따져보면 인공지능의 인권 원칙을 세우는 일은 택배상자에 손잡이 구멍을 내는 일과 그리 다르지 않고, 기실 맞닿아 있다. 모두 일상의 야만에 맞서 약자의 기술정치학을 도모하는 일이지 않은가?

모터에 실려올
미래와
정의로운 전환

'레거시' 내연기관 자동차

　내연기관 자동차 130년의 역사가 뒤바뀌는 격변의 시기다. 기후 위기에 대응한 탈탄소 전환의 시대 명제와 함께 친환경 자동차 개발 속도가 더 빨라지고 있다. 기후변화 국제협약에 밀려 주요 자동차 생산국들은 2030년을 전후해 내연기관 자동차 생산 중단을 예고하고 있다. 전기차 테슬라는 글로벌 완성차 시장의 최대 기업인 도요타를 누르고 시가총액 1위로 올라섰다. 전기차와 자율주행차의 관련 주가는 말 그대로 고공행진이다.

문제는 전기차의 성장이나 친환경 기술의 수용 속도보다 우리 노동시장에 미치는 변화와 영향에 대한 진지한 논의나 대응이 눈에 띄지 않는다는 데 있다. 전기차를 대세로 여기는 것에 비해 우리는 대체로 이 사회에 곧 밀어닥칠 신기술의 거대 충격을 방관하는 경향이 크다. 인간의 신기술은 당대 역사의 사회 조건에 따라 인간 노동의 '대체 기술'이 되거나 또 다른 노동의 '활성화 기술'이 되기도 한다.[16] 장차 전기차가 우리에게 미칠 노동 대체 파장이 클지 아니면 고용 활성화 효과가 클지, 그 선택은 우리 자신의 손에 달려 있다.

보통 화석 원료에 의존하는 내연기관 엔진은 자동차 기술의 꽃이라 불렸다. 그래서 완성차 공장에 엔진 공장이 함께할 정도로, 엔진과 변속기로 이루어진 내연기관 구동계는 꽤 복잡해 조립 공정이 중요하게 취급된다. 현대·기아차 정규직 노동자들의 일감은 주로 이들 공정에 집중해왔다. 이제 전기차를 생산하게 되면 부품 구성이 단순해져 조립 공정이 매우 축소된다. '엔진' 대신 배터리팩과 모터, 변속기 대신 감속기로 이루어진 '파워트레인powertrain(전기차 구동계)'이 하나의 모듈로 묶여 제작된다. 여기서 '모듈'은 각 부품을 레고 블록 조립하듯 묶어 조립한 부품 덩어리로 보면 된다.

보통 3만여 개로 구성된 내연기관의 부품들이 전기

차에서는 30퍼센트 이상 줄어든다. 모듈화로 조립 과정 자동화가 용이해 공정이 많이 축소되어 노동 인력은 절반 이상 불필요하다. 전기차 파워트레인 모듈은 굳이 엔진 공장 시절처럼 완성차 공장 곁에 두고 제작될 필요도 없다. 현대차는 진즉에 현대모비스를 완성차 공장입지와 상관없는 곳에 두고, 전기차 핵심 모듈 부품사로 키워왔다. 그리고 이들 전기차 부품 모듈 제조 공정은 주로 비정규직 하도급 노동자들의 일이 되었다.

전 세계적으로 코로나19 국면은 사회적 거리 두기와 봉쇄(록다운) 방역 정책으로 인해 세계 경제 활동의 전반적인 위축을 낳았다. 그와 함께 완성차 생산 노동자들의 상황 또한 악화했다. 소비 침체로 공장이 휴업에 들어가거나 코로나19 확진 시에 부품 생산 차질이 커지면서 고용 상황이 더 나빠졌다. 우리는 외국 투자 계열 3사, 즉 한국GM·르노삼성·쌍용차가 전기차 전환과 무관한 이른바 '레거시' 내연기관 자동차 생산의 하청기지 공장으로 전락하면서 임시 휴업, 사업장 폐쇄, 자산 매각, 법정관리 등 심각한 부침을 겪어왔다.

따져보면 현대·기아차 완성차 공장의 정규직 노동자들이 미래 자동차 산업의 '대전환'이라는 블랙홀의 가장 중심에 서 있다. 내연기관 자동차 시장의 고용 구조 재편과 파국 상황이 바로 목전에 이르고 있기에 그렇다. 하지만 주위를 둘러봐도 이 폭풍 전야를 맥없이 수수방관하는 구경꾼들의 시선만 느껴진다. 올 것이 왔다는 자포자기의 숙명론만이 무성하다.

비정규직 무노조 하도급 노동

생존권이 걸린 노동자들의 고용 불안과 사회 위기의 전조가 하나둘 눈에 띄기 시작한다. 2021년 1월, 현대차 울산1공장 '아이오닉 5' 전기차 테스트 차량 생산라인 가동이 중단된 적이 있었다. 전기차 조립 공정이 훨씬 단순해지면서 사용자 측의 생산설비 투입 인력 축소를 우려한 일단의 생산직 노동자들이 차체의 생산라인 투입을 막아섰다. '맨아워man hour'라 불리는 노동자 1시간당 수행할 수 있는 작업 분량의 노동 효율이 커지면서 생산라인 투입 인원수 축소가 불가피했고, 노사가 이에 접점을 찾지 못해 일어난 갈등이었다. 다행히도 상황은 종결되었다. 당장은 생산 투입 인력을 줄이는 대신 일감을 잃은 노동자들을 다른 작업으로 전환 배치하는 것으로 합의를 보았다. 하지만, 앞으로도 유사한 갈등이 또 다른 형태로 불거질 것이다.

다른 전조도 있었다. 기아차 첫 전용 전기차 'EV6'의 온라인 사전 예약을 받으면서 자동차 판매 노조가 크게 반발했다. 온라인 직접 판매로 인해 자동차 판매 영업직의 일자리가 많이 축소될 것을 우려한 노동자들의 집단 저항 움직임이었다.

이미 현대차는 사실상의 대전환을 위한 구조조정을 단행 중이었다. 울산 완성차 공장은 노사 협의로 아예 더는 신규 채용 없이 매년 정년퇴직 인원만큼 완성차 생산 공정을 없애는 일을 시작했다. 회사는 이를 '공정 개선'이라 명명하고, 2030년까지 생산직 50~60퍼센트 이상을 감원할 계획을 세웠다. 미래 자동차의 노동시장 불안감이 커지면서 현대·기아차 노조는 전기차 파워트레인이나 수소차 모듈 부품도 기존 완성차 공장에서 생산하게 해달라고 사용자 측에 요구했다. 특히 기아차 노조는 현대모비스의 평택 등 전기차 부품 공장 신설에 정면으로 반발하기도 했다.

민주노총에서 기획한 「전환기 자동차 산업 대안 모색 연구」 보고서에 따르면, 현대차그룹은 전기차 핵심 모듈 부품 생산을 현대모비스 계열사 중심의 원·하청 관계로 오래전부터 재편해왔는데, 이를 통해 완성차 노동자 숫자와 생산 물량을 대폭 줄이려는 움직임을 본격화하고 있다.[17] 즉, 전통의 완성차 정규직 노동자의 일감을 축소하는 대신 현대모비스의 젊은 비정규직 하도급 노동자들로 대체하는 인력 구조조정 전략을 구사하고 있다.

노동 위기는 완성차 제조 공장에만 머무르지 않는다

는 점에서 파급력이 크다. 자동차 공급 사슬의 겹겹이 얽힌 구조를 따져보면, 그 위기는 관련 내연기관 자동차 인프라 전체의 구조 변화와 일자리 급감과 연결된다. 가령, 정비업체, 주유소, 판매 대리점, 하도급 부품업체들과 소속 노동자, 지역 소멸의 문제가 줄줄이 연결되어 있다.

혹자는 내연기관 자동차의 기술 실업만큼 전기차가 만드는 고용의 상쇄 효과가 크다는 낙관론을 펼치기도 한다. 일견 합리적 추론이지만 어떤 고용의 활성화인지를 따지면 단견이다. 신기술은 고용을 활성화하면서도, 대체로 고용의 질을 낮추는 경향이 큰 까닭이다. 현재 전기차 모듈 부품 제조만 보더라도 비정규직 무노조 하도급 노동 중심으로 재편되면서 노동 교섭력을 지닌 '전투적' 정규직 노동직이 빠르게 소멸할 조짐을 보인다.

테슬라와 '위장 환경주의'

신기술 도입에 이어지는 노동시장의 격동과 위태로운 노동은 어찌 보면 후기 자본주의 세계의 보편 현상처럼 보인다. 갈수록 비숙련 비정규직에 기대고, 노동 강도는 늘고, 심지어 노동자 지위까지 지우려는 특징까지 지닌다. 신종 기술 예속형 플랫폼 노동이나 인공지능 심부름꾼인 유령 노동이 오늘 위태로운 기술 노동의 대표적인 사례다.

전기차 영역에서 테슬라의 일론 머스크처럼 혁신의 상징적 인물조차 '반노조·무노조' 성향을 노골적으로 내비친다. 실제 테슬라의 해외 전기차 모듈 부품 생산 공장인 '기가팩토리Gigafactory'의 노동 상황은 썩 좋지 않다. "지구상에서 가장 안전한 공장을 만드는 것"이 목표라는 그의 선언이 무색하게도, 테슬라 공장에서는 노조 파괴 공작, 산업재해 은폐, 비정규직 노동문화, 노동 강도 강화, 낮은 임금 등 질 나쁜 관행들이 줄곧 드러났다.

기후 위기에서 문명사적 교훈을 배우는 것과 무관하게 '위장 환경주의(그린 워싱green washing)'나 '친환경 비즈니스'에서 성장과 이익만 꾀하려는 IT 기업들이 노조를 배제하거나 무노조가 기본인 성향은 이제는 꽤 친숙하다. 이런 오해나 문제를 피하려면 기업들이 전기차 전환을 그저 자동차 산업 체질 변화의 문제로 볼 것이 아니라 좀더 진지하게 인간 생태 위기 대응과 포용적 사회 전환의 문제로 접근해야 할 것이다.

따져보면 우리에게는 '정의로운 전환just transition'의 문제가 짐짓 생략되어 있다. '정의로운 전환'에서 보자면, 전기차 도입은 생태적으로 지속가능하면서 동시에 그 과정과 효과가 우리 삶과 인간 노동의 희생을 크게 초래하지 않는 포용적 방식의 사회 전환이어야 한다. 하지만 2018년 정부는 '미래차 산업 발전 전략'을 내놓으며, '혁신 성장'의 기치 아래 미래 먹거리로만 전기차·자율주행차 사업을 다루었다. 그 후 수많은 미래 자동차 산업 진흥의 계획안이 나왔지만, 환경 대응책의 부실함은 물론이고 고용 불안과 위기에 시달리는 노동자들을 위한 '정의로운 전환' 전략이 무엇인지 도통 찾아보기 어렵다.

독일 정부의 '공정한 전환'이라는 체계적인 국가 대응을 눈여겨볼 필요가 있다.[18] 독일은 연방 부처는 물론이고 사용자협회, 금속노조 등 노동자 대표, 학계, 시민사회가 모여 미래 자동차 전환 문제를 조율하는 이른바 '자동차정상회담'과 '미래 모빌리티 국가 플랫폼' 같은 사회 논의 테이블을 운용하고 있다. 중앙은 물론이고 지역에도, 미래 자동차의 환경·노동·산업 문제를 민주적으로 논의하는 여러 겹의 숙의 과정이 마련되어 있다. 우리의 형식화된 '자동차 산업 노사정 포럼' 등에 견줘볼 때, 독일의 사례는 어떻게 실제 사회적 기술 전환의 대화 채널이 효과적으로 가능할지를 보여준다.

전기차의 '정의로운 전환'을 위해

무엇보다 우리 사회에서 현대·기아차의 역할은

중대하다. 생태친화적 기술 가치를 빠르게 수용해 경쟁력을 키우면서도, 대규모 기술 실업의 파장을 막으려는 상생의 중장기 고용 안전책을 마련해야 한다. 독일 폭스바겐의 '미래 협약'처럼 노사 상생의 미덕을 배우면 좋겠다. 폭스바겐은 전기차 생산에 맞춰 일자리 감소에 대응하는 노사 공동 방안을 내놓았다. 상생을 위한 노사 공동 선언문 발표를 비롯해 노사 공동 결정, 해고 없는 자연 감원, 임금 보전, 고령자 파트타임 조건의 희망퇴직, 재교육과 전환 배치 등 '정의로운' 대안을 찾고자 했다.

노동자 자신도 정의로운 전환을 적극적으로 준비하는 자세가 필요하다. 일시적 생존 해법을 넘어서 장기적 전망을 갖고 노동 전환의 조건을 마련해야 한다. 현대차 노조를 향한 '귀족 노조'와 '전투적 경제주의militant economism' 등 곱지 않은 오해의 시선을 벗겨내려면, 노동자 스스로 우리 사회 대전환의 대응책을 선제적으로 제안할 필요가 있다. 가령, 금속노조가 전기차 전면 도입과 관련해 '정의로운 산업 전환을 위한 공동 결정법' 제정 운동을 펼친 적이 있다. 여론을 이끌 정도의 성과는 없었지만, 중장기적으로 이와 같은 노동운동의 방향은 고무적이다. 적어도 이는 중앙정부와 지방자치단체(지자체)에 걸쳐 모빌리티 정책 테이블에 노동자들의 적극적 개입 필요성을 알리는 계기를 마련할 것이다.

전기차 도입을 단순히 자동차 산업 체질 개선 정도로 봐서는 곤란하다. 전기차는 노동시장만의 문제가 아니라 우리 사회의 정치적 선택의 문제다. 노동자들의 생존과 급격한 사회 변화를 준비하는 화급한 국가 의제로 취급하고 다루어야 한다. 노동에 미칠 파장과 사회적 대가가 과연 어찌 될 것인지에 대한 예측과 대안이 필요하다.

구체적으로, 전기차로 인한 기술 실업과 고용 촉진 효과 예측, 울산 등 지역 경제 파장 분석, 주요 내연기관 부품업체 등 일자리 파급 효과와 대비책 마련, 노조 대표들의 국가 산업 정책 개입과 참여 조건 마련, 노동 인력의 재훈련과 전환 배치, 장기 실업과 이직 상태에 대비하는 전환 고용 유지 지원금과 고용보험 등 여러 '정의로운' 전환 정책 수단이 다각적으로 모색되어야 할 것이다. 우리 사회 전기차 전면 도입의 후폭풍을, 아니 더 나아가 사회 결속의 붕괴로 번지는 일을 막기 위해서라도 전기차 전환 문제는 우리 사회 공동의 의제가 되어야 한다.

성장 강박과
지속가능한 기술 환경

플랫폼 공룡,
카카오의
그림자

일상이 멈추었다

2022년 10월 15일 경기도 판교 SK C&C 데이터센터 건물 화재로 카카오의 주요 서비스가 먹통이 되었다. 거의 전 국민이 사용하는 카카오톡이 반나절 이상 두절되었다. 카카오맵도 마찬가지였다. 카카오T가 먹통이 되자 콜을 받지 못하는 택시 기사들이 조기 퇴근하고, 승객들은 손을 들어 택시를 부르던 시절로 돌아갔다. 비즈니스 카카오톡 채널이 먹통이 되자 상인들은 주문이나 예약 내용을 알 수 없어 혼돈에 빠졌다. 카카오페이를 못 쓰니 송금과 결제를 하지 못해 발을 동동 구르는 시민도 있었다. 다음 한메일hanmail.net은 며칠이 지나도록 온전히 복구되지 않아 계속해서 전송과 수신 에러가 났다.

데이터센터 복구가 지체되면서 시민의 일상과 경제 활동이 큰 불편과 혼란을 겪었다. 카카오의 유·무료 서비스에 연결해 생계를 도모하던 이들의 피해가 컸다. 대부분 시민은 결제, 교통, 일정 등 일상 업무에서 애를 먹었다. 그들의 일상 소통이나 상시 단톡방 회의에도 어려움과 불편함을 야기했다. 이 사태는 카카오가 우리 사회 어디든 존재하는 범용의 플랫폼이 되었다는 것을 재확인하는 계기가 되었다. 또한 우리가 얼마나 카카오의 각종 플랫폼 앱에 빠르게 길들었는지를 뼈저리게 느끼는 순간이 되었다. 무엇보다 카카오와 네이버 등 플랫폼이 시장 잠식은 물론이고, 우리 의식과 사회 전반에 미치는 잠재적 리스크를 체감하는 계기가 되었다.

이 사태의 발단은 알려진 것처럼 SK C&C 데이터센터의 설계와 관리 부실 문제에서 찾을 수 있다. 그 어느 곳보다 발열이 높은 데이터센터에서 화재에 취약한 구조가 지적되었다. 그보다 본질적인 문제로, 많은 전문가는 천재지변 등 위기에 대응해 카카오가 재해 복구Disaster Recovery, DR 시스템을 제대로 갖추지 않아 먹통 사태를 초래했다고 본다. DR은 메인 서버 외에 다른 데이터센터에

'이중화二重化'를 해서 위험을 효과적으로 분산하는 조치에 해당한다. 이 사태의 원인은 DR의 이중화를 소홀히 해서 발생한 데 있다. 카카오는 SK C&C 데이터센터에 메인 서버 대부분을 두면서 재난 등 잠재적 위협 상황에서 이를 여러 다른 데이터센터에 분산해 신속 가동할 수 있는 복구 시스템을 제대로 갖추지 않았다.

　　DR은 일본 등 지진이 많은 지역에서 데이터센터의 안전 관리를 위해 고안된 모델로 알려져 있다. 기술적으로 보면 화재 상황에서 데이터센터의 주 시스템이 타격을 입더라도 그와 거의 동일한 환경의 백업 시스템을 다른 외부에 구축해 바로 가동하도록 하는 '미러 사이트mirror site'가 부재했다고 할 수 있다. 카카오는 미러 사이트의 구축에 따른 추가 비용 발생 부담 때문에 재해 복구 시스템 구축에 소홀했고, 이런 위기 취약 상황에서 먹통 사태를 초래했다고 볼 수 있다.

　　카카오가 2023년 경기도 안산에 자체 데이터센터의 완공을 앞두고 있다고 한다. 소 잃고 외양간 고치는 격이다. 거의 전 국민의 데이터를 다루는 거대 디지털 플랫폼 기업이 안전 비용을 절감하기 위해서 이제까지 안이하게 데이터 서버 관리 시스템을 운영했다면 사회적 책임이 위중하다. 분기별 매출이 수조 원대에 이르고, 인터넷 업계 매출 1위를 구가하는 기업의 위상에도 걸맞지 않다. 골목

상권까지 비집고 들어가 130여 개가 넘는 계열사로 덩치를 키워온 카카오의 문어발식 시장 확장 욕망에 비교해 턱없이 낮았던 한국형 플랫폼의 기술 설계에 대한 안전 의식이 카카오 먹통 사태로 이어졌다고 볼 수밖에 없다.

플랫폼에 대한 정부의 모호한 태도

윤석열 대통령은 사고 다음 날인 10월 16일 "독점이나 심한 과점 상태에서 시장이 왜곡되거나, (카카오처럼) 국가 기반 같은 인프라 수준인 경우에 국민 이익을 위해 제도적으로 국가가 필요한 대응을 해야 한다"고 피력했다. 곧바로 그는 카카오 사태 재난대응상황실도 과학기술정보통신부 실장급에서 장관 주재로 격상해 지휘하도록 지시했다. 대통령실 또한 국가안보실장을 중심으로 이른바 '사이버 안보 태스크 포스task force'를 꾸려 사이버 안보 상황 점검 회의를 열기도 했다. 이례적인 행보들이다.

자율 규제의 일관된 기조와 달리 이 사태에 윤석열 정부의 반응이 빠르고 때로는 플랫폼 독점 문제에 엄격해 보이기까지 한다. 평소 플랫폼 '갑질'에 이렇다 할 규제 장치는 고사하고, 플랫폼의 전방위적 시장 독점과 횡포에 대해 '자율 규제' 슬로건을 앵무새처럼 되풀이하던 분위기와 사뭇 다르다.

처음부터 윤석열 정부는 플랫폼 시장 개입을 과잉 규제라는 이유로 꺼렸다. 카카오와 네이버 등의 플랫폼을 부가통신사업자로 분류하고, 재난 대비 관리 의무를 '이중 규제'라며 면제해주는 등 최근까지 데이터 시장 부양에만 골몰했다. 가령, 2022년 8월에는 공정거래위원회가 플랫폼의 우월적 지위를 남용하면 법적 제재를 취하는 '온라인 플랫폼 공정화법(온플법)'까지 폐기하고 그 대신에 민간 자율 기구를 띄워 자율 규제로 급선회하기도 했다.

그러던 윤석열 정부가 이제 태세 바꿈을 하는 것일까? 이 사태의 엄중함도 있겠지만, 정부가 이제까지 시장을 다룬 관점에서 보자면 외려 카카오 사태로 인해 플랫폼 시장 문제 전반으로 번질 여론의 악화를 선제적으로 차단하기 위한 적극적인 방어처럼 보인다. 과학기술정보통신부 장관이 카카오 경영진에 앞서 먼저 사과하고, 과학기술정보통신부가 카카오의 빠른 복구가 이루어지고 있다는 식의 재난 안전 문자를 보내는 돌출 행위가 그런 짐작을 가늠케 한다.

더 우려되는 지점은 윤석열 대통령의 언급에서처럼 정부가 카카오를 '국가 기간基幹 통신망'이나 '국가 기반 인프라'로 추켜세우는 데 있다. 일면 카카오의 기능이나 효과로 보자면 맞는 말이다. 하지만 다시 생각해보면 그의 언급은 카카오 먹통 사태로 인해 위기 대비용 '긴급 복구 체계에 대한 의무 조항' 등 여러 플랫폼의 위기관리 법안과 규제안 마련 이상의 의미를 담고 있다. 카카오의 존립 근거를 마치 '대마불사大馬不死'로 보는 우려할 만한 관점이 녹아 있다. 기실 카카오를 국가 인프라로 취급할수록 장기적으로 정부가 카카오 플랫폼에 대한 강력한 시장 반독점 규제 정책을 제대로 구사하기에 더욱 어려운 딜레마 상황으로 몰릴 수 있다.

'닷컴 시장 교란종'이던 카카오를 현재의 국가 기간 통신망처럼 보이도록 부채질했던 과오는 어찌 보면 각종 공적 서비스를 카카오톡 알림 등에 쉽게 연동해왔던 중앙정부와 지자체의 무신경증이 한몫했다고 볼 수 있다. 빵에 배합된 소금처럼 이미 한 번 기술적으로 굳어져 사회적으로 특정의 기술 디자인이 널리 쓰이기 시작하면 그 관행을 벗어나기가 어렵다. 규제의 공백 지대에서 마구 헤엄치던 시장 포식자를 그저 방관해왔던 시절에다 카카오 플랫폼에 각종 공적 서비스를 얹혀 연동해오던 관행이 익숙해지면서, 어느새 이러지도 저러지도 못하는 거대한 플랫폼 공룡을 국가가 나서서 키운 꼴이 되었다.

플랫폼 독점에 길들여지다

카카오는 현재 독과점 판단 기준으로 규제를 적용하기가 까다로운 플랫폼 기업이다. 가령, 공정거래법에 따르면 매출액 기준 한 사업자의 시장 점유율이 50퍼센트를 초과하면 독점으로 간주한다. 그런데 카카오는 무료 서비스 부분에서 매출이 잡히지 않는다면, 기존의 독과점 규제를 적용하기 어렵다.

카카오는 국내 기업 가운데 계열사가 두 번째로 많은 공룡 기업이다. 4,700만 국민의 활성 이용자를 갖는 카카오톡을 기반으로 게임, 은행, 택시, 엔터테인먼트까지 세포 분열하듯 시장에서 세를 키워왔다. 그렇지만 골목상권까지 잠식하는 카카오 플랫폼의 포식성捕食性을 직접 규제하려는 힘이 미약했다.

플랫폼의 문제는 시장의 무차별 폭식과 자본 축적을 넘어 그것이 인간 의식과 일상에 파고들며 중독과 의존을 유발하는 데 있다. 즉, 시장 독점에 더해 플랫폼은 일종의 '의식 독점'을 꾀한다. 매출액 규모에 의존한 시장 지배력으로만 플랫폼 독점을 판단하기는 어려운 정황인 셈이다.

규제의 틀로 플랫폼 기업의 매출액 규모는 물론이고, 이용자와 입점 업체 수, 이용 빈도와 연계 서비스 연결 정도, 시가총액, 알고리즘 등에 의한 시장 교란과 우월적 지위 남용 등 플랫폼 시장의 독과점을 판단할 새로운 잣대가 필요하다. 플랫폼 독과점 양상을 비가시적인 의식 독점과 연계해 측정하기 위한 다양한 규제 장치를 마련해야 한다.

이 사태로 인해 카카오 플랫폼의 전면 국유화 주장도 간혹 제기된다. 설사 그것이 실제 가능하더라도 이는 다소 위험한 발상으로 볼 수 있다. 카카오의 일상 시민 데이터가 국가 관리의 데이터 체제에 병합된다면, '플랫폼 국가' 빅브러더에 의한 초유의 사회 통제 모델이 만들어질지도 모를 일이다.

카카오 먹통 사태가 깨우쳐주는 것

카카오 먹통 사태는 스마트폰 이용자가 그것과 호환 가능한 유사 경쟁 앱들로 옮겨가는 계기를 마련하기도 했다. 사고 발생 직후 카카오톡 사용자 200만 명 정도가 이탈해 라인이나 텔레그램 등으로 갈아타는 모습을 보였다. 하지만 인터넷 역사에서 보면, 유사 앱 서비스 이동은 단순히 일시적 해프닝으로 끝나기도 했다. 대체로 의식독점을 강하게 행사하던 플랫폼으로 이탈했던 이용자들이 다시 돌아오는 일이 다반사다. 그런 맥락에서 보자면 '탈카카오'의 증가세는 일시 이동 현상으로 봐야 한다. 특정 플랫폼의 의식 독점을 무력화하는 이용자들의 저항 행위로 해석하기 어렵다.

2018년 KT 아현지사 화재 사고에서와 마찬가지로 카카오 먹통 사태 또한 물리적 인프라의 재난 관리 체제의 허술함과 안전 대비의 중요성을 제기하고 있다. 관성적으로 디지털 기술을 늘 독립된 무형의 비물질로 보지만, 물리적 물성의 세계에 단단히 매여 있다는 사실을 간혹 망각하는 우리를 호되게 깨친다. 유사 피해의 재발 방지를 위해서는 카카오와 네이버 등 거의 전 국민을 서비스 고객으로 삼는 거대 플랫폼 기업은 그 어떤 업체들보다 데이터 보호 관리의 사회적 책임을 크게 강화할 필요가 있다.

무엇보다 카카오와 네이버 등 한국형 거대 플랫폼 기업이 지니는 약탈적 가격 정책, 수직적 통합, 시장 지배력 등 시장 독과점 문제를 다시 살피고, 의식 독점의 규제 기준까지 마련하는 일이 시급하다. 시장과 더불어 의식 세계에 걸쳐 플랫폼의 독점 폐해가 크다면, 필요시에 이에 근거해 플랫폼 독과점 규제 법안을 통합적으로 마련하는 일이 필요하다. 이를 통해 우리 사회의 특정 플랫폼 의존 리스크를 분산하고 낮추는 효과를 거둘 수 있다.

카카오가 일시적으로 마비되면서 사회적으로 큰 불편과 피해를 보았지만, 한편으로 플랫폼으로 연결하는 강박에서 빠져나올 수 있었던 공백의 시간을 우리에게 잠시 마련해주었다고 본다. 카카오톡 스트레스와 연결 강박에서 벗어나면서 아주 잠깐이나마 심리적 해방감마저 일게 했다. 결국 카카오 먹통 사태는 한국형 플랫폼 독점 문제의 징후적 사고로 각인되기도 했지만, 플랫폼 의식 독점이 잠시 멈출 때 정작 우리가 잃어버린 공통의 감각이 무엇인지를 다시 깨닫는 성찰의 순간을 선사했다.

성장 중독에 급조된 '한국형 뉴딜'의 유물

'한국형 뉴딜'의 탄생

문재인 정부가 야심 차게 기획했던 '한국형 뉴딜'은 새 정부가 유독 거리를 두고자 했던 정책 의제 중 하나가 아닐까 한다. 가령, 윤석열 정부가 임기 첫해 제시했던 '새 정부 경제 정책 방향'에는 눈을 씻고 찾아봐도 문재인 정부의 5.5년 국가 중기 전환 계획안이 단 한 번도 언급되지 않는다. 정권이 바뀌면 전임 대통령의 정책 의제와 타이틀을 지워내는 것이 유행인 우리 국정 현실에서 이는 꽤 흔한 일이라고 볼 수 있다.

명목상 윤석열 정부가 그렇게 '뉴딜'의 타이틀을 지워내는 데 성공했는지 몰라도, 아이러니하게도 신구 정부가 정보통신기술을 통해 '선도·패권 국가'로 나아가려는 욕망에서는 거의 일치한다. 다만 상황이 좀더 악화한 지점은 분명해 보인다. 윤석열 정부에는 재벌과 업계 주도의 '디지털 전환', 기후 위기에 대한 정책 대안 부재와 원자력 발전소 지원과 수출 확대, 친기업 탈규제 경제 정책 대비 사회적 약자에 대한 안전망 부재 등 위악이 덧대어졌다. 문재인 정부의 그 문제 많던 '한국형 뉴딜'조차 이제 보면 급진적으로 보이는 아이러니가 존재한다.

'한국형 뉴딜'의 공식 명칭이나 그 핵심이던 '디지털 뉴딜'을 지금은 그 누구도 잘 언급하지는 않게 되었으나, 궁극적으로 두 정부 사이에 'IT 기술 강국'에 대한 실질적 믿음이나 승계는 필연처럼 보인다. 일례로, 문재인 정부가 핵심으로 보았던 '디지털 뉴딜'은 윤석열 정부의 '디지털 플랫폼 정부'와 '디지털 경제 패권 국가' 도약이라는 정책 목표로 승계되거나 실질적으로 더 강화되었다고 볼 수 있다. 이 점에서 '한국형 뉴딜' 정책에 대한 사후 평가 작업은 두 정부에 걸쳐 보이는 국가주의적인 기술 숭배와 기술 폭식의 연속성을 따질 수 있다는 점에서 여전히 유효하다.

'한국형 뉴딜' 종합계획은 2020년 7월 14일에 발표

되었다. 문재인 정부의 임기 말, 기후 위기에 대응해 우리 사회의 총체적인 변화를 담은 정책 전환 과제로 제시되었다. 하지만, 문재인 대통령을 비롯한 각료들의 대국민 발표 뒤 당시 쏟아졌던 학계와 시민사회 전문가들의 논평은 혹독했다. 대체로 문재인 정부의 '한국형 뉴딜'이 미국식 '뉴딜' 정책의 역사적 성공 사례와 꽤 거리가 있다는 판단에 서였다. 실제 우리의 뉴딜 모델은 대공황을 넘어서려 했던 1930년대 미국식 '뉴딜'에도 한참 모자란 정책 의제로 평가되었다.

무엇보다 당시 미국은 경제 회복과 일자리 창출은 물론이고 빈곤 퇴치, 금융 등 경제구조 개혁, 노동자 권리 지원과 연방 복지 강화 등 '사회 정의'가 주요 정책 의제로 취급되었다. 반면 '한국형 뉴딜'의 핵심은 한마디로 코로나19 팬데믹pandemic(세계적 대유행) 이후 디지털 혁신을 통한 소위 '선도 국가 도약'이었다. 또 다른 '한강의 기적' 같은 구태의 시장 주술의 논리가 압도한다는 것에 대한 비판이 컸다.

'한국형 뉴딜'은 2025년까지 국고로 114조 원가량이 소요되는 정책 의제였다. 190만 개 정도 일자리 창출을 내다보았다. 하지만 국가 대전환 뉴딜이라 하기에 전체 예산 규모가 그리 크지 않았고, 특히 '그린 뉴딜'의 투자 계획은 턱없이 적었다. 무엇보다 위태로운 노동과 지구 환경의 미래를 진지하게 대비할 구체적인 정책 의제를 숙고해 내놓지 못했다. 거슬러 가보면, 문재인 정부는 코로나19 팬데믹 바로 직전까지 '제4차 산업혁명'과 '인공지능 국가 전략'을 내세우며 오로지 혁신 경제 선도국의 꿈에 여념이 없었다. 그리고 발표된 '한국형 뉴딜'의 초기 버전 내용도 거의 이와 같은 혁신 성장에만 공을 들인 '디지털 뉴딜'이 전부였다.

'그린 뉴딜'이라는 신기루

'한국형 뉴딜'은 코로나19 이전부터 계속된 '제4차 산업혁명' 중심의 정부 기조가 그대로 이어져 '디지털 뉴딜'이 가장 중심이 되고, 뒤늦게 정책 입안 과정에서 '그린 뉴딜'이 덧대어졌다. 정황상 그린 뉴딜은 디지털 뉴딜을 위해 '원 플러스 원' 상품처럼 덤으로 얹어졌다. 거기에다 구색처럼 고용 안정과 고용보험 마련 등을 '사회안전망 강화'라는 이름으로 삽입했다. 앞서 '뉴딜'의 두 축과 운을 맞추자면, 후자는 이른바 '휴먼 뉴딜'로 명명되었다. 즉, 디지털 뉴딜을 주축으로 그린 뉴딜은 덤으로, 휴먼 뉴딜은 구색으로 합쳐진 모양새다.

'한국형 뉴딜' 구상의 최초 언급은 2020년 3월 중순 무렵부터 나오기 시작했다. 그 계기는 코로나19라는 갑작스러운 세계사적 재앙 속에서 "최악의 상황은 끝났다"는 문재인의 선언 이후다. '방역 모범국가'와 'K-방역'으로 일종의 '국뽕(국수주의)' 정서가 사뭇 무르익고, 정부가 코로나19 바이러스 상황 통제 승리감에 취한 상태에서 '한국형 뉴딜'은 탄생했다. 그렇게 K-방역 성공에 득의양양하고 성장 중독에 걸린 관료들에게 현실의 바이러스 재앙쯤은 전혀 반성과 성찰의 시간을 제공하지 못했다. 게다가 한 사회를 전환하려는 규모가 큰 정책의 사회적 논의 수렴 과정은 생략되었고, 숙의 없이 단기간에 급조되었다.

무엇보다 '그린 뉴딜'은 애초 전체 뉴딜 구상에서 빠져 있었다. 그나마 환경단체와 시민사회의 강력한 문제 제기, 문재인의 지시로 정책이 입안되기 전 그해 5월 중순 무렵 극적으로 삽입되었다. 당면한 지구 기후 위기와 코로나19 팬데믹을 고려하면 '그린 뉴딜'은 처음부터 '대전환'의 과제가 되어야 했지만, 애초에 고려조차 없었던 셈이다. 우리 미래 생존과 직결된 논의가 정책 발표 불과 한 달여 전에 급조된 것이다. 당연히 국가 대전환의 '그린 뉴딜' 내용은 민망한 수준이었다. 더 안타까운 것은 그런 수준의 '그린 뉴딜'조차 이제는 흔적 없이 사라졌다는 데 있다.

문재인 정부의 '한국형 뉴딜'과 윤석열 정부의 '디지털 경제 패권 국가'라는 것이 얼마나 허망한지는 그 디

성장 경박과 지속가능한 기술 환경

지털 전환 중심의 정책 미사여구보다는 그와 함께 벌어지고 있는 우리의 주위 현실을 둘러보면 더 정확한 답이 보인다. 계속되는 노동자들의 사고사와 과로사, 치솟는 물가를 반영하지 못하는 최저임금액, 빈곤 복지 준거치인 '기준 중위소득' 하향화, 불평등과 사회적 돌봄의 부재로 인한 약자들의 고통, 20~30대 미취업 청년 여성들의 급증하는 자살률, 각자도생으로 인한 사회 병리 현상 급증 등 예나 지금이나 눈만 뜨면 '양극화'와 '배제'의 증거가 넘쳐난다. 이의 해법으로 신구 정부 각각 '포용'과 '공정'을 외쳐왔으나, 이들은 미사여구였을 뿐 첨단의 디지털 기술은 오로지 시민의 삶과 동떨어진 채 성장과 발전을 위해서만 동원되어왔다.

그 흔적조차 사라진 '그린 뉴딜'도 아쉽기는 마찬가지다. 가령, 우리 국토를 황폐화시킨 4대강 사업 치유를 위한 재자연화와 관련해 청와대도 환경부도 미온적인 태도로 관망하면서 전혀 보 철거와 수문 개방을 이루지 못했다. 국토 황폐화에 일조하는 지역 신공항 개발 사업들은 여전히 줄을 잇고 있다. 부동산 가격 폭등에 분노한 민심에 서울 주변 그린벨트 해제 카드를 만지작거리거나 서울시 주거 정비를 명목으로 다시 재개발·재건축 사업을 꺼내는 신구 정부의 경솔함은 그리 달라지지 않았다. 과연 이런 반생태적 현실의 조건에서 수백 년은 고사하고 단 몇 년 후를 내다보는 기후 위기를 대비하는 실제적인 정책 전망이 나올 수 있을지는 의심스러울 수밖에 없다.

코로나19가 인간의 무절제한 생태 파괴로 인한 '인수공통감염병'이자 전 지구적 생태 위기이자 효과라는 명제는 이제 우리에게 기초적 진실이 되었다. 초기 중국 우한武漢에 코로나19 바이러스가 창궐하면서 그곳 공장들이 멈춰 서고 그 덕에 우리는 몇 날 며칠을 청명한 하늘과 깨끗한 공기를 마실 찰나의 순간을 만끽했다. 오늘 이 미물의 바이러스와 그 변종으로 인해 생긴 무고한 죽음들과 뼈아픈 재앙의 후폭풍을 제대로 교훈 삼지 못하면 또 다른, 아니 더 큰 환경 재앙의 연쇄 상황에 직면할지 모른다.

기후 대응책은 이렇듯 바로 지금 아니면 다른 삶을 도모할 전환적 기획이 어렵다는 뼈아픈 성찰을 담아야 한다. 하지만 안타깝게도 '한국형 뉴딜'과 '디지털 경제 패권 국가'는 환경 재앙에 대한 어떠한 반성이나 대안 모색을 전혀 담지 못했다. 무엇보다 '그린 뉴딜'을 '디지털 뉴딜'과 함께 경제성장의 양대 견인차로 두었지만, '디지털 뉴딜'이라는 주인공을 위해 '그린 뉴딜'을 들러리 세우면서 뉴딜을 그저 IT 시장경제의 먹거리로만 접근했다.

급하게 당장이라도 모색해야 할 '그린 뉴딜'과 같은 녹색 정책은 누가 보더라도 탈탄소 전환 국가의 목표 수립과 연결되어야 한다. 유럽은 10년 안에 탄소 배출을 절반 이상 줄이고, 2050년까지 탄소 순배출 총량을 0으로 만드는 '탄소 중립' 선언과 '그린 딜' 정책을 추진 중이다. 물론 현재 우리의 '대전환' 계획에는 당면한 기후 위기 문제 해결을 위한 구체적 타임라인은 눈을 씻고 찾아봐도 없다. '저탄소 사회', '그린 리모델링', '친환경 제조', '녹색 산업 혁신 생태계' 등 모호한 개념만 넘쳐난다. 녹색시장 부흥을 통한 또 다른 '위장 환경주의'만 무성하다. 지구 온실가스 증가의 가장 큰 원인을 제공하는 '기후 악당' 국가로서 대한민국의 오명을 벗어날 국가 패러다임 전환의 구체적인 방안은 여전히 실종 상태다.

'디지털 뉴딜'의 딜레마들

'디지털 뉴딜'이 주는 현실의 무게도 크게 다르지 않다. 디지털 뉴딜은 무형의 데이터를 원유와 같은 새로운 자본주의 경제성장 동력원이자 자산으로 보고 이의 활용을 극대화하자는 논리에서 출발한다. '디지털 뉴딜'은 시민 활동에 대한 광범위한 데이터 수집과 분석 없이는 가동 불가능한 경제 체제이기도 하다. 이는 주로 사기업들의 시장 활용을 위한 광대한 데이터 자원을 확보하는 데 국가의 역할이 집중되는 반면, 시민 데이터 인권의 보호와 멀어지는 현실을 뜻한다.

데이터 활용론에 기댄 '디지털 뉴딜'을 가동하려면 기실 시민 데이터 권리 침해가 부득불 필요했고 이를 법적으로 가능하게 해야 했다. 실제 이와 같은 법제도 정비는 '데이터 3법' 제정으로 거슬러 올라간다. 2020년 1월 벽두에 이른바 '데이터 3법(개인정보보호법·정보통신망법·신용정보법 개정안)'이 국회 본회의에서 가결되었다. 당시 업계, 정부, 언론 모두 한목소리로 '빅데이터 활성화 골든타임'을 지켰다며 자축했다. 일부는 이것이 시민 개개인의 데이터 처분과 활용 권리를 찾아주는 '데이터 주권'의 진전이라고 추켜세우기도 했다. 하지만, 시민사회는 침통한 어조로 이를 제20대 국회 '최악의 입법'이자 '개인정보 도둑법'으로 평가했다. 한마디로 '데이터 3법'은 기존 정보보호 관련 법안들을 손질해 닷컴·금융 등 관련 기업들이 시민들에게서 생성된 데이터를 합법적으로 활용하고 시장이익을 극대화하기 위한 법 개정 작업이었다고 볼 수 있다.

따져보면, 정보 인권을 보장하려는 국가 철학이나 시민 데이터 인권 보호 법안이 그에 맞춰 마련되지 않으면 '데이터 3법'은 사기업의 활용에만 맞춘 일방적인 법 개정이 될 수밖에 없다. 유럽의회만 하더라도 여러 해 논의를 거쳐 2018년부터 '일반 데이터 보호 규정GDPR'을 마련했다. GDPR은 새로운 신기술 환경과 빅데이터 국면에 더욱

성장 개발과 지속가능한 기술 환경

취약한 지위로 추락한 정보 시민 주체들을 위한 최소한의 개인 데이터 정보와 권리 보호의 법제도 장치로 볼 수 있다.

그에 반해 우리의 '데이터 3법'은 '가명정보'라는 특정 개인을 알아볼 수 없도록 '비식별 조치'를 취한 데이터 개념을 신설해, 이를 닷컴이나 금융 기업들에서 개인 동의 없이도 이제 쉽게 영리적 목적으로 이용할 수 있도록 폭넓게 허용했다. GDPR과 같은 새로운 시민 데이터 권리 법안을 만드는 대신 우리는 기존 관련 3개 법안을 수정해 데이터 산업 부흥의 길을 터주었다. 즉, 이제까지 어렵게 유지되었던 개인 데이터 권리 보호론 대 데이터의 상업적 목적의 활용론 사이 존재했던 긴장 관계를 무너뜨린 계기가 되었다.

문제는 '데이터 3법' 통과로 인해 시민 정보 인권의 운동장이 크게 기울어진 상황에 더해, 급기야 코로나19 팬데믹 상황에서 일종의 경기 부양책으로 '디지털 뉴딜'이 제안되었다는 데 있었다. '디지털 뉴딜' 계획은 데이터 관련 신산업 부흥론의 연장선 위에 있다고 볼 수 있다. '데이터 3법'은 이른바 '디지털 뉴딜' 등 더 적극적인 데이터 활용론의 법제도 정비 역할을 했던 셈이다. 물론 정보 인권의 측면에서 보면, 이즈음부터 우리 국민의 삶 활동 대부분을 시장 데이터로 사유화할 수 있는 실제 동력을 얻었다고 볼 수 있다.

디지털 뉴딜에는 '비대면 유망 산업 육성'이라는 경제 목표가 가장 크게 자리했다. '그린 뉴딜'을 탈탄소 국가 대전환 기획이라기보다는 일종의 '그린 비즈니스'로 축소해서 보듯이 정부는 비대면 디지털 경제로 국내 산업을 전환하는 것을 '디지털 뉴딜'의 최상 목표치로 두었다. 데이터 시장 이윤 창출이 디지털 뉴딜의 구체적인 실행 목표가 되었다.

문제는 정부가 비대면 뉴딜 산업을 크게 강조하면서도, 정작 물리적 대면과 신체 노동을 업으로 하는 노동 약자들의 위태로운 생존 조건이나 양극화에 대한 근원적 해결책은 크게 제시하고 있지 못했다는 사실에 있다. 달리 말해 첨단기술을 통한 성장의 후폭풍이 우리 인간 사회나 생태 미래와 항시 연결되어 있어 언제든 위험 요소가 될 수 있는 기술 재앙의 계기에 대해 '디지털 뉴딜'은 제대로 된 대응책을 염두에 두고 있지 않았다. 적어도 대규모 시민 '데이터' 수집과 활용을 통해 국가 뉴딜 사업을 도모한다면, '시민(일상 데이터 수집과 감시)', '노동자(플랫폼 노동 통제)', '소비자(소비 활동 데이터의 사적 포획)'라는 데이터 권리 약자의 지위로 살아가는 국민 개개인들에 대한 데이터 오남용과 정보 인권의 잠재적 위협 문제를 선제적으로 함께 살펴야 했다.

'데이터 댐'의 부실

디지털 산업 부양을 통한 성장 욕망은 신구 정부를 가리지 않는다. 디지털 혁신과 경제성장의 당위로 말미암아 시민의 정보 인권이 실종될 처지에 늘 놓여 있다. 처음부터 '한국형 뉴딜'은 곧 디지털 첨단기술을 통한 경제 도약이 핵심 목표였고, '디지털 뉴딜'은 애초 국내 뉴딜 계획의 거의 전부나 다름없었다는 점을 기억할 필요가 있다.

전체 뉴딜 사업과 '디지털 뉴딜' 사업 중 가장 심혈을 기울였던 정책 항목이 이른바 '데이터 댐data dam' 추진이었다. 미국 뉴딜이 '후버 댐' 건설을 통해 고용 창출과 경기 부양 효과를 노렸다면, '데이터 댐'은 우리 사회 시민들의 활동 데이터를 수집·가공·관리하는 '데이터 댐'을 만들어 이의 사적 접근을 쉽게 도와 혁신 경제와 연결하겠다는 발상이었다. 향후 39만 개의 '데이터 댐' 일자리를 마련하겠다는 거창한 공약을 제시했지만, 그 가운데 75퍼센트가 '데이터 레이블링'이라는 단기 계약 일자리였다.

이는 정부가 '데이터 댐' 건설을 위해 공공 취로형 디지털 근로를 마련하거나, 21세기형 '인형에 눈알 붙이기'로 알려진 인공지능 기계 보조역인 '유령 노동'을 권하는 것과 같았다. 또 이는 디지털 업계 노동자들의 '사회안전망' 마련과도 무관했다. 플랫폼 알고리즘 통제형 배달·

돌봄 일자리들이 우후죽순으로 늘어나는 현실에다, 정부가 주도하는 디지털 뉴딜의 비대면 사업 육성이나 '데이터 댐'의 청년 노동 일자리는 또 다른 형태의 불완전 디지털 노동을 양산했다.

정보통신업계 지원 정책과 비교하면 고용과 노동의 질적인 개선과 안정에 대한 문제의식은 희박했다. 더 안정되고 '양호한 일자리'와 직업 훈련의 기회를 적극적으로 마련하는 것을 함께 고민했어야 했지만, 청년 수탈의 임시직 일자리가 대부분이었다. 과거 박정희식 '수출 입국'을 위해 '허리띠 졸라매던' 노동자들처럼, 첨단 디지털 경제 '선도 국가'를 위해 열정과 영혼을 갈아 넣는 '청년 유령 노동자들'이 데자뷔처럼 겹쳐진다.

흥미롭게도 윤석열 정부가 내세우는 디지털 대전환의 정책 또한 문재인 정부의 '디지털 뉴딜'의 산업 부흥론과 많은 부분 닮아 있다. 다만 문재인 정부에서 문제가 되었던 시민 데이터 권리 보장 대 기업의 데이터 활용 사이의 기울어진 운동장이 윤석열 정부 들어서 더욱 심각하게 불균형 상태로 향하고 있다는 점이 차이라면 차이일 것이다. 이미 데이터 자본주의 국면이 되면서, 시민 개인의 데이터 권리 상실과 기업에 의한 데이터의 사유화라는 모순 상황은 문재인 정부 시절부터 심화한 측면이 크다. 특히 '한국형 뉴딜'의 핵심 정책 의제인 '디지털 뉴딜'의 탄생은 그

모순의 기폭제가 되었다.

'디지털 플랫폼 정부'를 뜯어고쳐라

오늘에 와서 보면 '한국형 뉴딜'과 같은 성장 위주의 IT 정책은 전면 뜯어내 수정해야 했다. 첫째, 뒤늦게 포함되었지만 가장 핵심이 되어야 할 '그린 뉴딜'을 주축으로 삼아 기후 위기 대비라는 장기 생태 전망 아래 휴먼 뉴딜과 디지털 뉴딜을 재배치해야 했다. '선도 국가'론을 과감히 접고, '생태 전환 국가'론의 새판을 짜야 했다. 안타깝게도 시기적으로 기회를 크게 놓쳤다.

둘째, '한국형 뉴딜'의 총체적 밑그림을 다시 그린다면, 세계사적 계기가 된 코로나19 팬데믹이라는 환경 재앙의 체계적 방역 대비를 뉴딜 과제에 최우선으로 포함해야 한다. 원격의료나 디지털 헬스케어 등 검증되지 않은 기술주의적 방향이 아니라, 공공의료시설, 공공병상, 간호 인력 확보, 재난성 의료보험 보장 등 향후 감염병 예방과 치료를 튼튼히 받쳐줄 수 있는 현장과 공공 중심의 '보건 뉴딜' 구상이 이루어져야 한다. 하지만 현재 코로나19라는 세계사적 재난이 그저 상황 변수일 뿐, 크게 뉴딜의 고려사항이 아니라는 안이함이 있었다.

셋째, 진정 사회 대전환의 새판을 짜려면 '그린-디지털-휴먼' 뉴딜 3자의 전체 관계 지형도를 포괄적으로 그려낼 수 있어야 한다. '그린 뉴딜'에도 첨단 디지털 조건이 낳을 수 있는 반생명·반생태적 '독성'의 부메랑 효과까지도 함께 계산해 넣어야 한다. 예를 들어 '디지털 뉴딜'로 인한 IT 쓰레기 오염, 데이터센터들과 지구 온실 효과, 닷컴 기업들의 화석 원료 소모 증가 등 독성 문제들이 '그린 뉴딜'과 서로 얽혀 있다. '디지털 뉴딜'의 경제성장론이 '그린 뉴딜'에 치명적일 수 있음을 직시해야 한다. 그야말로 기술 성장의 생태주의적 재구성이 필요하다. 기술과 생태라는 두 사안을 기능적으로 분리해 접근하는 우리 관행을 경계하고, 인공 사물과 자연 생태의 연결된 전체 순환계를 관통해 읽도록 노력해야 한다.

넷째, '디지털 뉴딜'의 목표를 약자 포용과 사람 중심의 데이터 기술 설계를 기획하거나, 사회적 관계의 감각과 밀도를 키우거나, 지속가능한 데이터 일자리를 마련하는 데 주안점을 두었다면 어땠을까? 신구 정부 모두 실물 경제 성장의 틀 안에 갇힌 채 우리 사회의 디지털 경제 전환만을 꾀하려 한다는 점에서 여전히 탈락한 약자들에게 무심하고 기술의 사회적 지향에서도 크게 굴절되어 있다. '디지털 뉴딜'도 그렇지만 윤석열 정부의 '디지털 플랫폼 정부'와 '디지털 경제 패권 국가' 목표 또한 시민 데이터 희생과 포획을 대가로 한 사기업 이윤 추구에 주로 공을 들이고 있다. 시민 활동 데이터가 시민 개인의 공유 자산으로 귀속되고, 그들 자신의 데이터를 공동 협력의 사회 가치로 전환하는 '데이터 커먼즈'의 구상 같은 대안 논의는 아예 처음부터 없었다.

지금 이 시각에도 윤석열 정부의 관련 부처들은 '한국형 뉴딜'을 지우는 대신 또 다른 '디지털 전환' 과제 홍보에 여념이 없다. 미래 우리 삶을 조건화하는 계획이 잘못 가고 있다면 더 늦기 전에 바로잡을 일이다. 코로나19 방역 승리감에 도취해 급조된 문재인 정부의 뉴딜이었다면 의당 물러야 맞다. 그런데 윤석열 정부의 디지털 전환 정책이 그보다 더 심각한 정책 퇴행의 문제를 갖고 있다면? 우리의 기술 미래는 더 암울하다. 진정 윤석열 정부가 국민과 새로운 민주적인 정책 합의(뉴딜)를 이루고자 한다면, 삶의 생태 조건을 회복하고 약자들을 살리고 디지털 인권을 보호하는 '정의로운 대전환'을 구상해야 한다. 그것이 '한국형 뉴딜'이라는 오점투성이의 유물을 현명하게 고쳐 재사용하는 방법이다.

스마트 시티와
시민의 데이터 인권 침해

도시의 기술 욕망

오늘날 지구촌 인구 절반 이상이 대도시에서 삶을 이어가고 있다. 아마도 직업 선택이나 성공 기회는 물론이고 소비·교육·문화·의료·교통 등 최적의 서비스 접근과 이로 인한 생활 편리 때문이리라. 하지만 이미 도시 속 풍광은 꽤 탁해졌다. 온실가스 증가, 미세먼지 악화, 식수 오염과 부족, 교통 체증, 천정부지의 부동산 가격과 재개발 욕망, 물가 대란, 불평등 심화, 노숙인 증가와 슬럼화, 잦은 산업재해와 재난 상황, 테러 위협, 집단 감염병, 기후 위기형 불볕더위와 물난리 등 산적한 '도시 문제'가 도사린다. 그런데도 현대인들은 대도시에서 사는 삶을 희구한다. 앞으로도 이런 도시 속 삶을 원하는 인구가 갈수록 증가해 2050년에는 75퍼센트 가까이 늘어날 전망이라고 한다.

세계 주요국들은 도시 문제 해결을 위해 지역적인 상황에 맞춰 정책 실험을 벌여왔다. 도시의 환경친화력을 이끌려는 생태 '정원 도시', 도시 유휴 자원의 효율성과 시민 공동생산 능력을 극대화하려는 '공유(커먼즈) 도시'나 '팹랩fab lab(제작) 도시', 지역 도시들의 창의적 문화 가치와 콘텐츠 발굴을 꾀하는 '문화 도시' 등 셀 수 없이 많다. 또 하나의 접근법으로 2000년대 중후반부터 첨단기술의 효율성을 최대로 거두기 위해 시작된 우리의 '스마트 시티' 도시계획을 주목할 필요가 있다.

'스마트 시티' 개념은 2009년 발행된 IBM의 「더 스마트한 도시를 위한 비전A vision of smarter cities」 보고서에서 공식적으로 언급되었다.[19] 이는 기술적으로 보면 빅데이터 분석학과 인공지능 자동 통제 능력 등 첨단기술 결합형 도시재생 개념으로 쓰이고 있다. 국가나 지역에 따라 스마트 시티 계획의 목적이나 사정은 꽤 다르다. 도시계획 주체로 보자면, 우리처럼 주로 중앙정부와 지자체가 주도하거나, 특정 '빅테크' 기업이 선도하거나, 민관 컨소시엄으로 움직이거나, 아니면 아예 시민 참여형 도시설계 모델이 존재한다.

한국에서 '스마트 시티' 개념이 나오기 전에는 주로 건설업과 정보통신산업을 결합해 신도시의 택지개발과 부흥을 돕는 '유비쿼터스 도시계획'이 성행했다. 국제 민간 자본 조달로 마련된 인천 송도 신도시가 그 대표적인 사례다. 한국형 국가 시범도시로서 세종시 구상은 더 스마트 시티 모델에 충실하다. 허허벌판의 광대한 부지에 첨단의 제4차 산업혁명 기술들로 가동되는 총체적인 인공도시 기획에 의해 구상되는 설계 구조다. 이제 곧 '스마트 시티 세종 국가시범도시'가 개장되면, 미래 자율주행차들이 운행되고, 범죄와 차량 흐름이 데이터 알고리즘 분석에 의해 통제되고, "도시 전체가 하나의 병원처럼" 원격의료와 최첨단 헬스케어가 이루어지는 등 이른바 '청정의 첨단 도시'가 완성될 것이다. 과연 이는 진정 우리가 추구하려는 도시의 모습일까?

중앙 통제형 도시 관리 시스템

문제는 미래 첨단 도시설계와 운영을 위해 계속 불거지는 시민들의 데이터 인권 침해의 딜레마 상황이다. 기술을 매개해 필요한 도시 통제력을 확보하려 할수록, 시민들의 거의 모든 삶 활동 데이터가 끊임없이 시 당국이나 사기업에 의해 집적되고 통제되는 모순이 발생한다. 애초부터 스마트 시티는 제4차 산업혁명의 요소 기술로 꼽히는 데이터 알고리즘 기술, 사물인터넷, 모빌리티 기반 네트워크 등을 근간으로 하고 있다. 도시 공간 내에서 이 첨단기술들이 최적으로 운영되려면 도시의 실핏줄처럼 데이터 스트림stream(흐름)을 이루는 광대한 시민 개개인의 데이터 활동에 대한 수집·활용·분석이 필수적이다. 시민 일상의 데이터 권리에 대한 일부 포기나 양도 없이는 사실상 스마트 시티는 작동하지 않는 것이다.

스마트 시티는 기본적으로 시민들의 이동, 생체, 위치, 건강, 접촉, 커뮤니케이션 활동 등 무수한 디지털 정보의 실시간 수집과 분석·계측에 근거한 중앙 통제형 도시 관리 시스템이다. 하지만 스마트 시티는 거대한 데이터 흐름과 씨줄·날줄로 얽힌 전자 네트워크를 장점으로 삼으면서도, 바로 그로 인해 발생할 동일 데이터 사고 위험을 감지 못하는 '정상 사고normal accidents' 상태에 늘 놓여 있다.[20] 스마트 시티는 점점 더 개별 시민 데이터를 통합 플랫폼으로 연결·관리하면서 통제의 효율성을 강조하지만, 데이터 해킹과 유출 등 정보 재난 상황이나 정보 인권 침해가 일상화하는 여지 또한 안고 있다.

구글의 밴쿠버 스마트 시티 계획

스마트 시티 계획이 내재하고 있는 시민들의 데이터 권리 침해 문제가 실제 사업 취소로 이어진 극적인 사례가 있다. 구체적 내용은 이렇다. 구글은 2015년부터 전 세계적으로 살기 좋기로 손꼽히는 캐나다 밴쿠버에서 공들였던 스마트 시티 계획을 2020년 5월 전면 백지화하는 철수 결정을 내렸다. 구글은 공식 석상에서 철수 이유에 대해 코로나19 국면 속 미래 경제 상황이 불투명해서라고 언급했지만, 그 속사정은 달랐다. 구글은 스마트 시티 계획 추진 중에 개인 데이터 수집·활용과 관련해 지역 시민단체들의 불신을 계속 초래했고, 이로 인해 스마트 시티 설계를 밴쿠버 거주자들에게 설득하는 데 실패했던 까닭이다.

겉으로만 보면 구글과 같은 빅테크의 글로벌 기술력과 거대 민간 투자를 통해 밴쿠버를 첨단 도시재생 사례로 만드는 일은 누가 보더라도 매력적인 구상이다. 그래서인지 처음부터 시 당국은 물론이고 주정부와 총리까지도 열광했다. 도심 해변 부지에 첨단 미래형 기술을 갖춘 아파트와 콘도·공원·학교·사무실 등이 축조되고, 자율주행차가 운행되고, 드론을 이용한 배달과 배송이 이루어지고, 언제 어디서든 연결이 가능한 유비쿼터스 인프라 기반이 마련되고, 환경친화적 생태 기술이 도입되는 등 스마트 시티 청사진은 화려했다. 물론 이 스마트 시티의 주된 상상력의 출처는 밴쿠버 지역민이 아닌 미국 구글 회장 에릭 슈밋Eric Schmidt의 머릿속이었다.

구글의 도시재생 계획을 담당하기 위해 만들어진 계열사 '사이드워크 랩Sidewalk Labs'이 주축이 되어 진행된 이 야심 찬 스마트 시티 프로젝트는 시 공무원들에게 환영을 받았지만, 정작 밴쿠버 거주 시민들에게 외면당했다. 시간이 지나면서 구글의 스마트 시티 구상에서 기술 인프라에 각종 감시 기술을 깊게 내장하거나, 위치 정보 등 시민 동의 없는 개인 데이터의 사적 활용을 용인하거나, 비식별 조처를 한 '가명정보' 처리보다 제3자에게 데이터 양도를 쉽게 하도록 하거나, 해킹과 비인가非認可 접속에 대한 관리감독이나 제한이 취약한 문제 등이 속속 드러났다. 이로 인해 '스마트 시티 전략 자문 패널'에 참여했던 시민사회 구성원들이 차례로 사임하는 일까지 발생했다. 설상가상으로 스마트 시티 사업 프라이버시 자문관마저 비슷한 연유로 사퇴하고, 시 당국은 구글과의 데이터 활용에 대한 불투명한 합의 과정으로 인해 감사 지적까지 받게 되었다. 결국 밴쿠버 스마트 시티 계획은 좌초되었다.

밴쿠버 스마트 시티 계획은 추진 주체나 내용으로 보면 우리와 꽤 차이를 보인다. 하지만 시민 데이터의 알고리즘 분석 기술로 도시를 기술공학적으로 통제하려 한다는 점에서 일맥상통하고 우리에게 시사하는 바도 크다. 그것은 우리 사회가 문재인 정부 시절 '데이터 3법' 통과 이래 '데이터청' 설립 등 시민 데이터 시장 활용론이 압도하는 형세에 있기 때문이다. 우리는 스마트 시티의 도시설계 논의에서 데이터 프라이버시 권리 보장 논의가 실종된 지 오래다.

밴쿠버 사례와 달리 우리는 중앙정부가 주도적으로 나서서 스마트 시티 계획을 전국 단위로 확장해 도시재생의 발판으로 삼고 있다는 점에서 독특하다. 정부 주도의 집중화된 도시계획의 장점이라 한다면, 총괄적이고 효율적 비용 지출이 가능하고 부처 간 이견 조율이 쉽고 국내 업체를 키우거나 기술 자립도를 높일 기회가 상대적으로 많다. 반면 문제는 국가 데이터 통제나 감시 능력이 확대되는 위험이 도사린다. 관련 부처·기관들의 통합 기술 인프라와 플랫폼 시스템 구축으로 정보 권력이 강화되면서 데이터 오남용 문제가 쉽게 시스템 외부로 드러나지 않을 공산이 크다.

우리의 중앙정부 주도 스마트 시티 계획에는 '더 안전한' 도시 생활 구호와 맞물려 도시 공간의 공적 질서 유지를 위한 '통합 안전망 서비스'가 핵심에 있다. 여기에는 시민들의 범죄 모니터링, 재난 진단, 차량 흐름 통제, 사회적 약자의 안전 등을 실시간으로 통합해 관리하는 플랫폼

구축이 필수다.

　이를테면, 우리에게는 국토교통부가 주축이 되어 통신업체, 법무부, 경찰청, 민간 보안업체 등 부처와 기관을 잇는 '스마트 시티 통합 플랫폼 안전망'이 마련되어 있다. 잠재적 '비정상성'의 위협에서 오는 도시 안전과 자원의 효율적 배치라는 목적을 위해, 우리의 스마트 시티는 과거 별도로 분리되어 관리되던 시민 데이터들을 끊임없이 한데 모으고 상호연동해 통합하면서 거대한 데이터베이스의 통제 권력을 낳을 여지를 갖고 있다.

완벽하게 통제되는 '유토피아 도시'는 가능한가?

　실상 코로나19 바이러스 국면이 되면서 스마트 시티의 이와 같은 통합형 시민 데이터 관리 시스템이 더욱 주목받고 있다. 구체적으로 방역 당국이 확진(의심)자 동선 추적과 시간대별 체류 지점 등에서 기술 효과성을 입증했던 '코로나19 역학조사 지원 시스템'은 바로 이 스마트 시티 플랫폼을 방역 현장에 가져왔던 것이다. 즉, 스마트 시티의 기반 허브 시스템이 질병관리청의 역학조사 절차를 자동화하고 도시민의 위치와 활동 데이터를 대규모로 수집·분석하는 방역 시스템의 근간이 된 셈이다.

문제는 스마트 시티 통합 플랫폼이나 이를 응용한 방역 시스템이 만들어내는 새로운 데이터 권력화 현상에 있다. 가령, 방역 시스템은 스마트폰 자가격리 추적 앱, 방문 기록을 담는 QR 코드, 발열 체크와 안면 인식 기술과 신원 조회, 자가격리 위반자에게 부착된 안심 밴드, 신용카드 사용 내역, 백신 접종 정보 등 데이터 수집과 기록 장치들이 촘촘해지면서 시민 정보 인권을 더욱 위협할 수 있는 능력치를 얻고 있다. 또한 방역을 위해 질병관리청을 주축으로 국토교통부, 과학기술정보통신부, 경찰청과 여신금융협회, 3개 통신사, 22개 신용카드사가 실시간으로 감염(의심)자 정보를 교환할 수 있도록 마련된 통합 데이터 운영 시스템은 새로운 일상이 도래하더라도 사회적으로 광범위한 데이터 수집과 기관·부처 간 필요 이상의 데이터 결합을 상시화할 수 있다고 본다.

　　혹자는 이와 같은 신생 디지털 권력 통제 행위를 '인본주의적 감시carceral humanism'로 이해하거나, 일상화된 방역 감시 체제이자 새로운 '뉴노멀'로 받아들여야 할 것으로 긍정하기도 한다. 하지만 스마트 시티 구상이나 이를 빌린 방역 시스템은 오히려 "완벽하게 통제되는 유토피아 도시" 구상과 거리가 멀어 보인다.

　　프랑스 철학자 미셸 푸코Michel Foucault가 18세기 이후 유럽의 도시계획에서 점차 규율화된 개인을 만들어내는 '감옥 도시carceral city'의 모습을 발견했던 것처럼,[21] 오히려 오늘날 스마트 시티는 좀더 새롭게 시민의 데이터를 관리하며 도시 권력을 확장하는 지능형 통제 도시를 축조하는 듯하다.

감염병 시대에 비대면 사회 논리가 강화될수록, 데이터 알고리즘 분석으로 유지되는 자동화된 스마트 시티 도시계획이 지금보다 더 탄력을 받을 것이다. 그 과정에서 시민의 건강과 안전을 명분으로 시민들의 거의 모든 활동을 기록하고 분석하는 디지털 통제 현실을 강제하는 것은 정보 인권적 측면에서 우려스럽다. 특히 특정 정보통신기업들의 데이터와 플랫폼 기술 시스템이 점점 도시 기반 인프라와 설계에 전문화되어 자리 잡을수록, 시민 개입의 여지가 줄어들고 정보 인권의 위상은 더욱 위태로워진다.

마이크로 단위 도시 문제 시민 참여 해결형 기술 프로젝트인 '리빙랩living lab' 수준을 넘어서, 시민들 스스로 좀더 도시 전반의 기술 디자인 얼개를 파악해볼 수 있고 시민 데이터 권리를 적극적으로 논할 수 있는 도시 디자인 개입의 장을 제도적으로 충분히 열어놓는 것이 중요하다. 이제껏 거의 방치되다시피 한 시민들의 정보 인권에 좀더 민감한 스마트 시티의 재설계가 필요한 것이다.

도시 경관과 생태주의적 균형 찾기

인공으로 덧칠한 '불빛정원'

내가 사는 동네 이야기를 잠시 해볼까 한다. 서울 강북의 끝자락 태릉 인근에 이제는 폐역이 된 경춘선 '화랑대역' 건물이 상징처럼 자리하고 있다. 일제강점기 개통 당시에 역사 이름은 원래 '태릉역'이었다고 한다. 나중에 육군사관학교가 이곳에 터를 잡으면서 역 명칭이 바뀌었다. 바뀐 이름에서 풍기는 것처럼 한때 화랑대역은 군 병력 이동의 중간 기착지로 중요했다. 폐역 직전까지도 무궁화호가 하루에도 수차례 운행될 정도였다. 어느덧 세월이 흘러 이곳은 폐역이 되었고, 역 건물은 등록문화재로 지정되어 다행히 철거되지 않고 남겨져 있는 상태다.

화랑대역을 지나치던 경춘선 기찻길이 폐선이 되면서 이 일대는 선로와 역 건물만 횅하니 방치되었다. 그러다가 2017년에 노원구 '경춘선 숲길 조성 사업'이 이루어지면서 이 폐역에 '철도공원' 사업이 추진되었다. 지자체의 숲길 조성 사업에 맞춰 선로 길을 따라 꽃과 수목을 심고 단장하면서 지역 주민이 편하게 걷고 쉴 수 있는 휴식 공간을 마련했다.

폐역 시설은 문화재 등록에 이어 작은 철도박물관으로 바뀌었고, 폐역 주변으로 아담한 철도공원이 조성되었다. 폐선로 위에는 오래된 협궤 증기기관차가 영구 전시되기도 했다. 폐역 주변에는 시민들이 쉴 수 있는 너른 쉼터가 만들어졌고, 그를 잇는 철길은 자연 조경을 해서 시민의 귀중한 산책로가 되었다.

코로나19가 터지면서 화랑대 폐역 주변에 눈에 띄는 변화가 일어났다. 지역 주민들은 타인과 덜 마주치며 산책과 운동을 할 수 있는 한적한 곳을 찾기 시작했다. 화랑대 폐역에 접한 경춘선 숲길이 방역으로 지친 주민들의 답답함을 풀기에 안성맞춤이었다. 점점 더 많은 주민이 이곳을 찾았다. 그래서일까. 폐역과 공원 일대에 관심이 쏠리자 또다시 대대적인 공사가 시작되었다. '철도공원' 역할로 부족했던지, 이른바 '노원 불빛정원' 조성 사업이 재차 이루어졌다.

　폐역 일대에 조명을 단 인공물이 하나씩 늘기 시작했다. 각종 야간 LED 점멸등과 레이저 아트쇼, 인터랙티브 게임 설치물, 동식물 모형, 인공 장식 등이 들어섰다. 철도박물관 옆 너른 쉼터에는 버섯구름 모양의 거대 인공 조형물과 함께 3층짜리 초대형 카페도 세워졌다. 온갖 인공 조경 시설과 설치물을 가져다 놓으면서 공원 풍경이 확 바뀌었다. 철도공원 시절과 달리, 인공이 '자연'스러움을 삼켜버렸다. 이제 이곳은 주말이면 수많은 인파가 몰려드는 밤의 '인스타그램 명소'가 되었다.

스펙터클한 도시 경관

　나는 10년 넘게 이곳 풍광의 변화를 지켜보았다. 무엇보다 화랑대 폐역 주변 경관에 인공 기술이 들러붙는 방식이 흥미로웠다. 온갖 발광하는 광학적인 인공물과 거대한 야외 카페가 철도박물관 주위에 촘촘히 배치되면서 폐역과 주변의 역사적 상징성은 급격히 초라해졌다. '불빛정원'의 조형물, 동물 인형, 설치물 등 인공 사물들과 LED 조명이 너무 강렬해 주변 자연 경관이나 여백이 사라지는 효과까지 생겼다. 주객이 전도된 상황이 발생했다. 방문객들은 야간 '불빛정원'을 기억할 뿐, 낮 시간대 폐역의 흔적이나 쉼터로서 공원 역할에 그리 관심을 두지 않게 되었다.

　나 같은 지역 주민은 주말이나 퇴근 후 시간에 이곳에서 여유 있게 즐겼던 산책이 더는 어려워졌다. 불과 수년 전만 해도 폐역 앞 쉼터에는 뛰어놀기도 하고 자전거를 타기도 하는 아이들과 담소를 나누는 노인들의 모습이 일상이었다. 요새는 인터랙티브 설치 게임을 즐기고 인공 동식물 모형과 인공 설치물 주변에서 사진 찍는 이들의 모습이 이를 대신하고 있다.

　시민에게 이로운 도시의 경관 설계란 과연 무엇일까? 한때 중앙정부나 지자체는 공공성의 목표를 시민 계몽에 두고 이에 집착한 적이 있었다. 무언가 경관 조성을 통해 시민을 가르치려 들었다. 반면에 요즘은 어떻게 하면 '대민 편의 서비스'를 지역민이나 시민에게 최대치로 제공할 것인지를 궁리하는 듯하다. 시민에게 어떤 계몽의 논리를 크게 강요하지는 않으나 가시적으로 충분한 재밋거리를 제공해야 한다는 서비스 강박이 생겼다.

　시민을 공적 행위의 참여 주체라기보다는 공적 자원의 수동적 소비자나 관람객으로 보는 경향이 크다. 누군가 여기서 시민 '참여'가 있다고 주장한다면, 그것은 이미 일방적으로 축조된 도시 경관을 그저 보고 누리고 즐길 권리 정도다. 동네 명소가 된 '불빛정원'에서 시민의 모습은 그렇게 '닥치고 즐기는' 향락 주체로만 대상화되어 있다.

　액세서리처럼 기술과 예술로 치장된 인공물의 테마공원 한복판으로 우리를 강제로 밀어넣는 일은 도시 경관의 공공성 추구와 한참 거리가 멀다. 어찌 보면 '불빛정원' 사례는 도시재생 프로그램이나 공공미술에서 근래 흔하게 관찰되는 불편한 진실이라 할 수 있다. 이미 대도시에는 각종 미디어 축조물이 들어차 숨 쉴 틈이 없다. 경관 조명 장치, 미디어 파사드media façade(건물 외벽에 LED 조명을 비춰 표현하는 영상), 사이니지signage(공공장소나 상업 공간에 설치되는 디스플레이), 안내 키오스크kiosk, 레이저빔laser beam 프로젝터, 옥외 광고판 등 우리의 말초 감각을 자극하는 조형물과 인공물이 시각적으로 화려하다는 이유로 도시 곳곳에 설치되어 운영되고 있다. 거기에다 뉴미디어 광학 기술을 창작에 활용하는 도시재생 사업이나 동네 미술 프로젝트도 이 흐름에 가세하고 있다.

기술 과잉의 도시 디자인

　시지각視知覺 효과를 강조하면서 기술과 예술을 합쳐 도시 경관의 기본 틀로 삼는 일이 흔해졌다. 우리 사회의 신기술 숭배 의존도가 높아지면서 도시 경관에 첨단기술의 인공물 설치가 더욱 급증하고 있다. 문제는 중앙정부나 지자체가 공공 재원을 통해 특정 축조물을 도시 경관 디자인으로 구현하면서도, 오늘 시민에게 당장 필요한 미적 감수성이 무엇일지에 대한 진지한 물음을 생략한다는 점이다.

흔히 '불빛정원' 사업은 동식물 인공물과 레이저빔을 설치하면서 동시에 사운드를 함께 입히기도 한다. 주거 지역에 새어나갈 소음을 막기 위해 또다시 방음벽을 대규모로 설치할 수밖에 없다. 잔디나 나무의 생명은 아랑곳없이, 한밤 불빛의 스펙터클 효과를 만들기 위해서 수없이 이어진 LED 전구의 그물이 흉물스럽게 그 위를 뒤덮는다. 도시 재개발 공사처럼 여러 설치물의 자리를 위해 공원의 멀쩡한 나무와 여백이 사라졌다. 공원 한복판을 차지하면서 만들어진 거대한 야외 카페는 방문 인파를 모으면서 코로나19 방역 방향과 역행하는 모습까지 연출했다. 야간 인공 테마공원의 스펙터클 효과를 위해 이곳 지역 역사의 흔적은 물론이고 이곳의 '있는 그대로의' 모습을 그렇게 지워냈다.

왜 이런 도시 경관의 기술 잠식 현상이 흔하게 일어나는 것일까? 코로나19 충격 이래 우리 사회에서 급격히 커진 기술 숭배 분위기와도 무관하지 않다. 경관을 조성하는 쪽에서도 발광하는 불빛과 광학 기술 인공물이 함께 자

아내는 스펙터클 효과를 별 의심 없이 긍정하는 분위기다. 오히려 몰려드는 인파에 뿌듯해할는지도 모르겠다. 이를 향유하는 시민 또한 인공 기술로 축조된 경관에 대해 거부감이 크지 않다. 야간에 발광하는 LED 불빛이나 프로젝터의 이미지는 비록 인공조명이기는 하나 그 누구도 거부하기 어려운 화려한 색감의 유혹임이 분명하다. 하지만, 야간 스펙터클 효과를 위해 희생되는 공원 대부분의 낮 시간대 풍경과 이곳의 일상 경관에 미치는 더 큰 환경 영향에 대해서는 그리 물음이 없다.

도시 인공 경관의 공공성이란 그릇에 무엇을 담을 것인지에 대한 비판적 성찰이 필요한 대목이다. 이에 대한 고민이 소홀하면 공적 자원의 투입은 '시민 참여형'이라는 이름과 달리 시민 계몽으로 전락하거나 볼거리 흥행을 위한 국고 예산 낭비로 비칠 수 있다. 적어도 코로나19 충격이 우리에게 갖는 시대 화두를 도시 경관의 미적 디자인 구성에 어떻게 가져올 수 있는지를 고민해야 하지 않을까?

기술과 생태 사이에서

이제부터라도 도시 경관의 공공성에 대한 사유의 전환이 필요하다. 가령, 도시 경관 조성 사업에 쓰이는 각종 기술 장치가 지역과 환경에 미치는 유해 효과를 본격적으로 따져봐야 한다. 지역 문화와 정서에 대한 고려는 물론이고 수목 상태 등 자연환경과 공공예술에 동원되는 기술 장치가 상호 친화적일 수 있을지 심사숙고해야 한다. 주변 환경을 고려한 인공물의 설치 범위도 중요하다. 그것이 사람의 심신에 미칠 영향뿐만 아니라 주위 생명에 환경 독성을 지니고 있는지도 꼼꼼하게 검수가 이루어져야 한다. 값비싸게 마련한 디지털 설치물이 불과 한두 해 만에 진부해져 외면당하거나 도시 환경을 해치는 '쓰레기'의 주된 원인이 되기도 한다.

탈탄소 에너지 전환이 사회적으로 급박하게 전개되어야 할 기후 위기 국면이다. 단순히 시각 효과를 위해 필요 이상의 전력을 소모하는 인공 조형물에 대한 규제 또한 필요하다. 우리 사회에 응용되는 첨단기술이 갈수록 인간과 뭇 생명을 다치게 하고 반생태 효과를 내는 현실을 심각하게 여겨야 한다. 신기술이 도시설계에 미치는 장점을 포기하라는 것이 아니다. 첨단기술 인공물이 놓일 지역 생태와 상호 공존할 수 있는 좀더 세심한 신기술 적용이 필요하다는 이야기다. 특히 시지각 중심의 첨단기술을 동원해 도시의 경관 효과를 높이려는 대규모 문화예술 지원 정책 사업들, 즉 문화 도시, 도시재생, 축제, 테마공원, 공공미술 사업이 지역 생태와 환경에 미칠 수 있는 기술 '공해'와 환경

'독성' 효과에 주목해야 한다.

　　코로나19 충격 이래 도시 경관 사업이나 공공미술 프로젝트에서 우리가 놓치고 있는 것과 새롭게 더 민감하게 고려해야 할 것을 곰곰이 따져봐야 한다. 기후 위기 등 생태 문제를 우리가 추구할 도시 공공성의 화두로 삼는 일은 그래서 그 무엇보다 중요하다고 본다. 갈수록 도시 경관 구성에 강요되는 기술만능주의에 대한 비판적 제고가 필요하다. 오히려 코로나19 충격을 교훈 삼아 도시 경관 조성에 '생태 감각'을 기본 덕목으로 삼는 일이 시급하다. '생태 감각'은 기후 위기 시대를 사는 우리가 기본으로 지녀야 할 생태 감수성 지수라고 볼 수 있다. 도시설계에서 보면 생태와 기술은 상호 연결되어 있으나, 주로 기술의 스펙터클 논리가 생태를 압도하면서 문제가 생긴다. 화랑대 폐역의 경관 디자인도 주로 기술 논리로 인해 지역 생태 환경을 소외시키면서 생긴 효과다.

　　따져보면 거대 메트로폴리탄 도시의 빠른 동적인 흐름과 속도에 어울리는 기념비적 장식물로 삼기에는 첨단 기술로 한껏 뽐낸 인공적인 것만큼 손쉬운 선택은 없다. 기술 축조물 그 자체가 이미 스펙터클이 되고 성장과 발전의 상징처럼 여겨진 까닭이다. 시민의 문화 향유 방식에도 기술 숭배의 사회 논리가 자연스레 이식되고 있다.

　　비대면 현실에서 기술 과잉은 더욱더 지구 환경 재

난에 대한 반성 없이 첨단기술에 기댄 도시 경관 설계 방식을 가속화할 공산이 크다. 도시설계 기술 디자인의 생태주의적 완급 조절이 필요하다. 도시설계의 공공성 역할이 아직 남아 있다면, 무엇보다 시민 스스로 기술과 생태 사이의 균형점을 찾아 읽게끔 하는 일이리라.

생태주의는 우리에게 성장과 발전 대신 공생과 회복의 대안을, 인공과 작위 대신 생명과 무위를, 가속과 스펙터클 대신 느림과 사유를 일깨웠다. 물론 인간이 만들어내는 기술의 모든 가능성을 폐절廢絶할 수는 없다. 하지만 적어도 기술을 생태주의적 관점에서 재디자인할 수 있다고 본다. 기술과 생태 사이의 적절한 문지방 경계나 앙상블을 찾는 일이 시급하다. 그 탐색이 지난한 일일 수 있다. 하지만, 이는 우리가 소홀히 했던 도시 경관의 생태 감수성을 확보하고 우리 자신의 지속가능한 삶을 돌보는 일이다.

코로나19 팬데믹과
생태 위기

코로나19로 드러난
자본주의의
민낯들

자본주의적 생태 파괴와 균열의 대가

폭주하는 기관차 안에서는 그 누구도 창문 밖 저 멀리 뒤로 스쳐 지나간 풍광의 잔상을 쉽사리 기억하지 못한다. 오늘날 자본주의는 주위를 돌볼 겨를 없이 그렇게 질주해왔다. 간이역 정차나 객차에 오르지 못한 생명을 모두 무시하고 하염없이 내달리는 자본주의의 '설국 열차'는 그렇게 달려왔다. 그 어떤 안팎의 저항이나 마찰도 이것의 질주 본능을 막아서지 못했다. 그런데 한낱 미물에 불과한 코로나19 바이러스가 그 폭주를 일순간 정지시켰다. 소위

'코로나19 바이러스 감염병'이 자본주의의 폭주 기관차를 멈춰 세웠고, 우리에게 전혀 다른 아주 새로운 일상인 '뉴노멀'을 선사했다.

1918년 유럽 전역을 휘감던 '스페인 독감'이 20세기 바이러스 감염의 대표적인 재난이라고 언급되지만, 최근에 이만큼 인간에게 큰 영향력과 무력감을 안긴 감염병의 재앙은 쉽게 떠오르지 않는다. 코로나19로 인한 재난 상황은 국경을 폐쇄하고 이동을 제한하는 행위로는 그 속도와 여파를 따라잡기 힘들 정도로, 지구촌 전체를 무기력과 패닉 상태에 빠뜨렸다. 세계보건기구WHO는 지구촌 바이러스 감염 상태의 최고 등급인 팬데믹을 선언했다. 하지만, 이 선언이 무색할 정도로 국제사회는 무엇을 해야 할지 당황해 아직도 우왕좌왕하고 있다. '역사의 종말' 이후 굳건한 체제로서 자본주의는 파산 직전에 도달한 듯싶다.

세계 각국 정상들이 이렇다 할 별 대책 없이 기후 위기의 '불타는 지구'를 남의 집 불구경하듯 바라보며 시간을 보낸 관성일까? 지구 생태 재앙은 이른바 '인수공통감염병'으로 찾아들었다. 전문가들은 코로나19의 발발을 인간의 생태 교란과 동물 서식지 파괴로 인간과 동물 사이 접촉면이 늘어 생긴 '인수공통감염병'의 일종으로 보고 있다. 즉, 자연 파괴로 인해 야생동물 개체수가 줄어들면서 바이러스 스스로 인간과의 밀집 환경 속에 적응해 자가 변이를 일으키고 인간을 새롭게 숙주로 삼았다는 관측이다.

문제는 이런 미생물 감염 바이러스의 전파 주기나 양상이 더 잦아지고 그 영향력 또한 갈수록 인간 사회에 치명적이라는 데 있다. 역사적으로, 현재 진행형의 코로나19와 바이러스 변종을 비롯해 2003년 사스, 2009년 신종플루, 2015년 메르스 등만을 보더라도 불과 십수 년 사이 우리는 바이러스 감염병의 쓰나미를 제대로 맛보고 있다. 이전 지구적 감염병 위기는 자본주의의 무차별적인 자연 개발, 생명과 환경 파괴, 공장식 가축 농장의 비윤리적 사육 방식, 야생동물 식용 거래 등에 기인한 바 크다. 자본주의적 생태 파괴와 균열의 값비싼 대가인 셈이다.

코로나19는 인간이 쌓아올린 자본주의 물질문명의 부산물이 지구 생명에 말기 판정을 내린 비공식 학명, 소위 '인류세Anthropocene, 人類世'의 대표적인 생태 재앙으로 기록될 것이다. 인류세는 인간the anthropos-이 지구의 지배종이 되면서 새롭게 지층에 퇴적된 문명 쓰레기더미의 지질학적 시대-cene, epoch를 이르는 말이다.[22] 동시대 지구 지질층을 일컫는 원래 학명인 '홀로세Holocene'를 이 기괴한 비공식 용어가 대체할 정도로, 인류세는 이제 기후 위기와 함께 파국으로 치닫는 지구에 대한 마지막 경고처럼 들린다. 이미 코로나19 팬데믹 이전에도 대륙 곳곳이 사막화로 물이 메말라가고, 하루에도 수많은 생명종이 끝없이 사라져

가고, 갈 곳 잃은 쓰레기들은 쌓여가고 있었다. 핵폐기물과 오염수는 방치되어 생태계에 상상하기 어려운 위험을 노출하고, 바다 생명은 플라스틱에 질식해가고, 인간 자신의 섭생은 스스로 만든 각종 오염 화학물질로 위협받았다. 자본주의는 이미 총체적 난국이다.

우리는 폭주하는 자본주의 기계의 광란을 잠시나마 잦아들게 한 미생의 코로나19 바이러스에 어쩌면 감사해야 할지도 모르겠다. 코로나19 바이러스 재난 상황이 본격적인 지구 재앙의 시작을 알리는 화급한 경고처럼 느껴지기도 하거니와, 이 미생의 하찮은 존재가 질주 본능을 지닌 우리의 자본주의 기관차를 멈춰 세우면서 우리가 잊고 살거나 사사로이 여겼던 의미들에 하나둘 생기를 되찾아준 까닭이다. 달리 보자면 코로나19가 인간 생명에는 극도로 위협적이지만, 정작 우리가 놓치고 살았던 것을 다시금 상기시켜주는 촉매가 된 셈이다. 우리가 숨 쉬듯 무심하게 취급했던 것을 다시 주목하는 계기가 되었다.

멈추니 드러나고 보이는 것들

코로나19 바이러스 감염을 막기 위한 철저한 방역 조치로 인해 거의 모든 국가에서 초기에 사람의 이동과 접촉이 중단되었다. '사회적 거리 두기'라는 전 세계 방역 지침은 인간들 사이 거의 모든 물리적 접촉과 교류를 강제로 중단시켰다. 하지만, 그 와중에도 감염은 지속적으로 증가해 2022년 10월 현재, 전 세계의 공식 집계에 따르면 확진자 6억 2,500만 명, 사망자 656만 명에 이르고 있다. 코로나19의 변종들이 계속해서 등장하는 불투명한 현실에서 그 이상의 사망자와 확진자를 막기 위해 인류가 현재 할 수 있는 일은 공격적인 확진 검사, 이동 제한과 격리, 백신 개발과 수급 확보뿐이다.

코로나19 충격의 여파로 자본주의 기계들이 멈추면서 우리를 둘러싼 사물들과 사태의 진실들이 오롯이 드러났다. 먼저 탄소 배출의 주범이 된 중국 공장들이 멈춰 서자 아주 일시적이었지만 미세먼지가 매우 감소했다. 동북아 지역에 사는 우리는 잠시나마 청명해진 하늘을 보여주는 위성사진을 관찰하고 미세먼지 없는 맑은 공기를 흡입할 수 있는 호사를 누렸다. 관광객이 끊겨 정적이 감도는 태국의 도시 한복판에서는 굶주리고 난폭해진 수많은 원숭이 떼가 인간 대신 무리 지어 거리를 거닐었다.

코로나19로 출입이 통제된 인도와 브라질 해변에서는 멸종 위기종 바다거북 수십만 마리가 평화롭게 산란을 하고 부화하는 흔치 않은 진풍경이 펼쳐졌다. 그렇게 인간이 황급히 숨은 자리에 어김없이 야생동물들이 그 자리를 대신해 나타났다. 코로나19로 드러난 일련의 지구 생명 활동은 인간의 '생태발자국'이 동식물의 생활 반경을 얼마나 위협해왔는지와 생명종 절멸에 얼마나 큰 영향력을 지닌 존재인지를 다시금 확인하는 계기가 되었다.

우리가 그렇게 믿어 의심치 않고 만고불변의 진리처럼 의지해오던 동시대 자본주의 체제가 코로나19 바이러스 앞에서 보여준 무기력한 모습은 현대인들에게 또 다른 실망을 안겨주었다. 자본주의는 환경 재난 앞에서 무엇도 잘할 수 없다는 무력감을 확인해주었다. 기후 위기에 미온적이던 세계열강 지도자들의 무책임한 모습은 물론이고 바이러스 재앙에 대한 그들의 체계적인 대응은 그 어디에도 보기 힘들었던 까닭이다.

오히려 열강들의 지도력은 온데간데없고, 오로지 마스크 확보를 위해 강대국들 사이 방역물품 이송을 탈취하는 후안무치한 모습만 역사의 부끄러움으로 남겼다. '팍스 아메리카나'라는 미국 주도의 지구촌 지도력은 옛 허명虛名이 되고, 도널드 트럼프Donald Trump의 기후협약 탈퇴에 이어 세계보건기구에 대한 재정 지원 중단이라는 비상식적 현실을 보기도 했다. '코로나 독감' 운운하며 코로나19를 독감 사망자 숫자보다 미미할 것이라고 예단해 마스크 착용을 우습게 알았던 트럼프 대통령의 블랙코미디적 허세로 인해, 그는 수없이 많은 생명을 사지로 몰아넣기도 했다.

사회적으로 중대한 위기나 재난이 닥치면 이를 명분으로 국가 엘리트들은 처음부터 그들이 원하던 것을 밀어붙인다는 '재난 자본주의disaster capitalism'가 코로나19 시대에 더 집요하게 작동했다.[23] 새로운 바이러스 감염 재난 앞에서 국가들은 늘 동문서답으로 응하고 있으니, 어쩌면 재난 자본주의는 꽤 적절한 개념인 듯싶다. 가령, 코로나19 재난 상황에서 권위주의 국가들은 이 감염 팬데믹을 빌미 삼아 국민의 생명 안전이라는 명분을 가져와 시민들에게 더 강도 높은 공권력을 행사하고 감시를 일상화한다.

우리 사회는 기후 위기 비상사태에 대한 사회적인 대응 논의보다는 IT '선도·패권 국가'를 위한 디지털 전환 기획에만 골몰한다. 환경 재난 현실에 대한 한치의 반성도 없이 또 다른 성장과 개발의 구호를 내걸고 폭주하는 기관차에 다시 올라타려고 하는 것이다. 코로나19 팬데믹이 가져온 지구촌 재앙 상황은 우리에게 지구 환경에 대한 재성찰의 기회를 주고 다른 삶의 경로를 권유하지만, 현실은 그리 크게 달라지지 않고 있다.

'코로나19 난민'의 탄생

문제는 국제 정상과 기업 엘리트의 자본주의 체제

과신과 달리 재난 상황의 계급 불평등 조건이 코로나19로 더 악화되고 있다는 점이다. 도시사회학자이자 생태학자인 마이크 데이비스Mike Davis가 경고한 것처럼, 바이러스 재앙은 기실 하층 계급과 가난한 이들에게 집중되고 영향력이 더 크다.[24] 바이러스 감염이 국적과 지위를 초월한다고는 하지만, 그 피해의 충격은 그 누구보다 가난한 이들과 소외된 곳들에서 좀더 치명적이다.

이미 인류세 재난, 즉 태풍, 홍수, 해일, 지진, 사막화 등으로 가장 큰 피해를 보는 사람들은 약자들과 빈자들이었다. 세계 최대 규모의 방글라데시 로힝야 난민 캠프, 인도와 아프리카 대륙 등 빈곤 지역들에 코로나19가 점점 장기화하면서, 극심한 생활고에 이어 바이러스 감염과 사망 위협이라는 이중고에 지구촌 약자들이 무방비로 노출된 상태다.

코로나19는 물리적 대면보다는 마스크 착용과 '사회적 거리 두기'가 바이러스 감염을 막는 필요조건으로, 그래서 '언택트' 관계를 뉴노멀로 받아들이지 않을 수 없게끔 했다. 물론 이는 동시에 계급 분할의 분명한 선을 긋고 있다. 한국은 일용직 노동, 플랫폼 배달 노동, 온라인 택배 배송 노동, 콜센터 노동 업무 현장 등에서 더 가중된 과로와 확진 위협에 노출되는 현상을 쉽게 볼 수 있었다. 잠시 멈춤조차 사치인 '필수 현장 노동자들'이 코로나19 난민이 되어 사회적 돌봄의 외곽으로 내몰리고 있다.

　　신종 감염병으로 인해 물리적 비접촉과 격리가 일상이 되면, 이전보다 더욱 영리한 자동화 기술로 매개된 일상이 중심에 선다. 아이러니하게도, 비대면을 강조하는 사회는 한쪽에서 비접촉과 청정의 비대면 활동이 강조되는 반면, 한쪽에서 대면 접촉이 끊임없이 보충되고 동원되어야 그 체제가 유지되는 구조일 수밖에 없다. 이를테면, 수없이 많은 물품과 유무형 자원을 중개하는 현장 택배 기사, 플랫폼 노동자, 콜센터 노동자의 위태로운 노동 없이는 비대면 자동화 사회는 불가능하다. 코로나19 바이러스 재난은 약자에게 가혹하고 감염의 공포가 약자의 차별로 번지는 경향이 크다는 사실을 확인해주었다.

　　비대면 기술은 소비자 편리와 물류·유통 효율을 담보해주기도 하지만, 또 다른 극단에서 신체와 영혼을 갉아먹는 위태로운 노동을 키워내고 있다. 비대면 시장의 꽃으로 여겨지는 새벽 배송, 총알 배송, 플랫폼 주문 배달 등은 노동자에게 일의 선택보다는 쉼 없는 노동의 예속을 심화한다. 기후 위기의 폭염 속 비대면 배달과 배송의 과중한 업무로 과로사가 급증하는 것은 이의 극한 모습이다.

자본주의의 광란을 멈춰라

코로나19가 우리에게 주는 교훈은 명확하다. 우리 스스로 변하지 않는다면 또 다른 변종의 '인수공통감염병'이 계속 창궐할 수 있다는 자명한 사실 말이다. 언제부터인지 우리는 자본주의의 질곡에서 빠져나올 어떤 대안의 시나리오를 아예 머릿속에서조차 지워버린 희망의 빈곤 속에서 살아왔다. 코로나19는 우리에게 재앙으로 다가왔지만, 동시에 다른 삶의 가치를 고민하도록 하는 귀한 성찰의 시간을 주고 있다.

코로나19 충격이 준 교훈은 근원적이다. 가령, 2020년 7월 『타임』에 따르면, 코로나19 여파로 전 세계 7퍼센트의 온실가스 배출을 감소시키는 간접 효과를 얻었다고 한다.[25] 일단 인류가 감염 공포로 인해 제조 공장의 가동을 일부 멈추고 에너지 소비 총량을 줄일 때 드러난 일시 효과였다. 코로나19는 지구 회복력을 초과한 광란의 질주에 경종을 울린 셈이다. 달리 보면 적정한 수준의 성장, 즉 '탈성장 degrowth'과 생태주의의 중요성을 일깨웠던 계기가 되었다.

불행히도 우리는 여전히 자본주의의 폭주 기관차에 올라탈 생각에 여념이 없다. 가령, 'K-방역'의 일시적 성공 신화에 도취한 정부 관료들은 세계 경제 '1등' 패권 국가로 나아가기 위해 "지금의 위기와 재난을 성장의 기회로 삼자"고 울부짖는다. '재난 자본주의'의 허상처럼, 국가 엘리트들은 재난 상황에서도 그들이 원하는 것만을 찾아 매달린다.

지구온난화를 1.5도 이하로 막으려면, 2030년까지 탄소 배출을 거의 절반으로 줄여야 한다. 그때까지 매해 코로나19 충격으로 인한 탄소 감축의 비의도적인 상황과 엇비슷한 수준의 '탈성장' 혹은 탄소 기반 경제 탈출 전략이 필요하다는 뜻이다. 과거의 성장과 발전 욕망이나 관성을 그대로 끌고 간다면, 탈탄소 전환의 목표 달성도 어렵거니와 망가지는 지구에 손을 쓰기에 이미 늦었는지도 모른다. 그런데도 기후 위기를 빙자한 성장주의 전략인 '기후 케인스주의'나 '위장 환경주의'의 변종은 무성하다.[26]

코로나19 국면에서 대인 '접촉' 기피와 공포로 인한 비대면 자동화 기술의 사회적 보급에 열을 올리는 현실 또한 경계해야 한다. 오히려 코로나19가 주는 교훈은 기술주의적 해법에 대한 집중보다는 물질세계에 부족한 공공의료시설과 감염병 예방·치료 인력을 확충하고, 차상위 계층 가구의 의료 불평등 조건을 해소하고, 수많은 접촉과 대면에 내몰린 특수고용직과 플랫폼 노동자들의 노동 인권과 안전을 보장하고, 장기 비접촉 격리 상태로 인해 만연한 사회 병리에서 안전망을 마련하기 위해 더 힘쓰는 데 있다.

비대면의 전자적 소통을 강조하더라도 그와 함께 사

회적 약자·타자와 정서적 결속과 연대를 확대하는 노력을 마련해야 할 것이다. 코로나19 감염 상황이 장기 국면에 접어들면, 인간 상호 신뢰와 관계의 밀도는 점차 약해지고 해체될 공산이 크다. 그래서 장기화한 감염과 방역의 피로 감으로 인해 쉬 놓칠 수 있는 사회관계 회복과 약자 돌봄의 방법 마련이 더욱 필요하다.

지금 와서 문명의 이기를 완전히 폐절할 수는 없다. 하지만, 적어도 생산의 규모를 줄이고, 성장주의적 광란에 서 일정 부분 거리를 두는 경로 수정은 가능하다고 본다. 이는 코로나19 바이러스의 혹독한 재앙을 인류사적 교훈 으로 삼는 일이기도 하다. 바이러스 재앙에서 그 어떤 성찰 을 못한다면 제2, 제3의 생태 재앙이 연이어 몰려들 것이 다. 폭주하는 기관차를 완전히 멈춰 세우고, 자본주의적 속 도 욕망을 무력화할 다른 삶과 생명 공존의 기획이 필요하 다. 이는 대도시에서, 지역에서, 국가에서, 글로벌 공동체 에서 동시에 기획되어야 한다.

코로나19 난민과
사회적 백신

'위드 코로나'라는 상시 방역 체계

세계보건기구가 코로나19 팬데믹을 선언한 지 어느덧 2년 반이 넘게 흘렀다. 이리 오래, 그리고 질기게 인류에게 상흔을 남길 것이라고 그 누가 쉽게 가늠이나 했을까? 예전의 다른 바이러스 재난처럼 상황은 곧 정리될 것이라고 대부분 믿었다. 하지만 그 누구도 예상하지 못한 '위드 코로나With Corona19(단계적 일상 회복)'라는 상시 방역 체계를 우리는 살아가고 있다. 백신 접종 이후에도 여전히 안전하지 않은 미래가 기다린다.

미주와 유럽 국가에서의 코로나19 충격에 비교하면, 우리는 상대적으로 안정적인 방역을 수행해왔던 것도 사실이다. 그런데도 우리 사회에 미친 코로나19의 영향과 충격은 그들과 그리 크게 다르지 않다. 코로나19 이전 상태로 돌아가지 못할 것이라는 우울에다, 전 세계 경기 침체와 맞물려 더는 삶이 나아지지 않을 것이라는 미래 불안이 우리 사회 곳곳에 퍼져 있다.

코로나19를 수용하는 방식도 그동안 많이 달라졌다. 초기 방역 국면에서 진단검사, 역학조사, 확진(의심)자 동선 추적이 뉴스를 채우던 때를 떠올리면 지금은 격세지감이다. 신천지 교회 신도의 집단 감염에 우리 사회 전체가 공황에 빠지고 예민하게 받아들이던 시절을 떠올려보라. 지금은 하루 수천, 수만 명의 코로나19 확진자 숫자가 기록되어도 사회·심리적으로 크게 흔들리지 않는다.

코로나19 확산을 대하는 우리 사회의 변화된 모습은 어쩌면 당연한 일이다. 무엇보다 백신 공급이 큰 변곡점이 되었다. 순차적인 백신 접종이 사회·심리적 안전 변수로 자리 잡은 것 같다. 바이러스 변종들이 불안감을 완전히 잠재우지 못하고 있지만, 먹는 약이나 또 다른 백신이 개발되면서 상황 인식은 많이 달라졌다. 물론 아직 백신 빈국의 접종 소외는 여전하다. 더 강한 전파력을 지닌 변종 바이러스나 돌파 감염 위험 요인까지 상존한다.

재난 장기화라는 변수도 우리 사회의 뉴노멀 변화에 크게 작용하고 있다. 재난이 일상이 되고 초기 감염 공포에서 벗어나면서 대부분 심리적으로 단련이 된 듯싶다. 한때 '홈트(홈트레이닝)' 등 비대면 실내 문화생활이 등장할 정도로 꽤 코로나19 상황에 익숙해가고 있다. 우리 각자는 갑작스러운 바이러스 재난 상황에 슬기롭게 적응하려 하고, 그에 맞춰 삶의 방식을 재조정하며 어렵사리 몸을 운신하고 있다.

방역 조급증과 사회안전망의 부재

코로나19 충격 이후 몇 년의 시간이 흐르면서 우리 삶은 변화된 상황에 잘 적응한 듯싶지만 크게 우려되는 지점을 드러내기도 했다. 코로나19 방역 현실을 관찰해보면 크게 2가지가 눈에 띈다. 한편으로 사회 내 타자와의 공존 감각을 잃고 있다는 것과 한편으로 비대면 기술에 대한 사회의 집착이 커져간다는 것이다.

먼저 바이러스 재난 현실은 누군가와 함께한다는 관계나 공존의 감각을 크게 떨어뜨렸다. 단계별 '사회적 거리 두기'는 관계를 크게 위축시켰다. 방역 조급증은 이를 더 부채질했다. 방역 조급증이라는 최대한 고통이나 피해

없이 빠르게 바이러스 방역 효과를 끌어올리려는 국가 분위기가 압도했다. 아쉽게도 우리 방역 체제는 처음부터 사람의 돌봄보다는 코로나19 바이러스와의 전쟁에 주로 초점을 두었다. 방역 효능에 집중하려니 쉽게 누락되고 다치는 이들을 살필 겨를이 없었다.

코로나19 재난이 장기화할수록 방역은 공공의료 지원 체제를 더욱 보강하는 것은 물론이고, 방역 현실에 고통받는 이들을 위한 공적 지원 체제를 시급히 갖춰야 한다는 점을 일깨웠다. 정부가 국민 보건에 집중하는 사이 사회 방역 지원책에 대한 명확한 위상을 세우지 못했다. 다시 말해 코로나19 충격과 국가 단위 방역 시스템 강화로 사업에 타격을 받고 일자리를 잃고 생존의 희망을 잃은 약자와 서민에 대한 공적 지원 체제를 돌보는 데는 소홀했다. 하루 벌어 근근이 먹고사는 대부분 서민의 상대적으로 위태로운 삶에 대한 대책이 지속가능한 방역을 위한 필요조건임에도 정부의 사회안전망은 그에 미치지 못했다.

코로나19 충격이 장기 지속되면서 그 영향이 필수 노동자에서 자영업자로 이어져 비수처럼 날아들었다. 중앙정부와 지자체가 그들에 대한 코로나19 재난 지원책을 여러 차례 마련했지만, 생색만 내는 규모였다. 재난 상황은 생존의 가장 약한 고리에서 시작해 아래부터 삶의 기반을 허물어간다. 국가의 사회안전망 실종은 코로나19 재난 약자의 생존 붕괴에 가속페달을 단 듯하다. 그렇게 우리 사회에 '코로나19 난민'은 급증했다.

　　무엇보다 코로나19 국면에서 두드러졌던 전국 부동산 가격 폭등과 물가 불안정의 가속화, 가계대출 비율의 고공 행진, 필수 노동자의 반노동 인권 현실과 거듭되는 산재 상황, 자영업자의 파산과 자살, 방역 최전선인 공공의료진의 피로도 증가와 지원책 미비, 코로나19 사태로 강제 해고된 노동자와 미취업 청년의 표류하는 생존권, 비체계적인 재난 지원금 지급 등 무수히 많은 국가 방역의 위험 요소가 관찰되었다. 재난 시대 생존과 직결된 시민 생활의 안전판 마련은 넓게 보면 국가 방역의 일부다. 안타깝게도 이에 대한 본질적인 대비책은 없었던 듯하다. 코로나19 국면은 '위드 코로나'의 기조 변화로 바뀌었다. 예전처럼 확진자 숫자와 이의 효율적 관리에만 집중하기 어려운 단계에 이르렀다. 어렵더라도 국가 방역 기조를 유지하면서도 코로나19 재난 피해를 보거나 다치는 약자와 서민을 제대로 돌보는 국가의 역할이 더 필요하다.

　　방역의 효율성만 따지면 현실 사회의 코로나19 난민이 겪는 삶의 고통이 잘 와닿지 않는다. 그런 연유로 일종의 '방역 정치' 관점이 필요하다. '위드 코로나'로 사회 기조를 유지하려면 방역을 사회안전망과 더 긴밀히 연결하는 적극적 정치 행위가 필요하다. 우리 방역의 성과로,

비교적 낮은 코로나19 사망자 수치만 계산에 넣고 으스대서는 곤란하다. 따지자면 이제까지 사회적으로 '코로나19 난민'이 되어 생활고에 비명횡사하거나 죽임을 당한 수많은 해고 노동자, 청년, 자영업자, 실업자, 독거노인까지 코로나19 사망자 수치에 추가해 넣어야 한다. 바이러스를 막기 위해 방역 전선에서 열일 하듯, 바이러스 재난으로 악화한 사회 양극화와 약자의 고통을 막으려는 정의로운 '사회적 백신' 공급 대책이 마련되어야 한다.

비대면 기술의 진화 방식

또 다른 방역 일상의 변화는 비대면 기술의 폭넓은 안착이다. 무엇보다 시민 데이터 수집과 분석 관련 신기술이 방역 효율을 높이는 기제로 줄곧 활용되어왔다. 한참 방역 상황이 엄중할 시에는 건물을 출입할 적에 QR 코드를 찍는 일이 흔한 일상이었다. 그리고 언제부터인지 모르게 QR 정보 입력과 함께 개인 백신 접종 여부가 표시된 앱 정보를 누구든 보유해야 했다. 이는 개인 신상 QR 정보에 이어 민감한 의료 정보 내력까지 함께 연동되는 형태라고 할 수 있다. 백신 접종 여부에 따라 공간 출입 제한 등 반인권 사례가 충분히 예상되는 기술 유형이다. 우리는 이에 대해 대부분 무심하거나 크게 저항하지 않았다. QR 찍는 일이 일상의 기본값이 되면, 그에 연동된 백신 접종 정보 수집쯤은 대수일까 싶었던 것이다.

코로나19 충격 이래 'K-방역'의 효과를 높이기 위해 각종 추적 감시 기술과 인프라 도입이 이루어졌지만, 이에 대해 심각하게 정보 인권 문제를 제기하거나 사회적 논의는 드물었다. 문제는 이들 방역 기술과 수집된 시민 정보들이 어느 시점에 얼마만큼 말끔히 사라질지 어느 누구도 잘 모른다는 데 있다. '위드 코로나'와 함께 새롭게 등장할 방역 기술도 가능하고, 이제까지 시도된 것들이 방역 상황에 따라 또 우리 일상에 아무렇지 않게 반영구적으로 뿌리내릴 확률이 높다.

우리 일상의 기술문화 또한 많이 바뀌었다. 수년간 코로나19는 물리적 회합과 모임 자체를 줄이는 대신에 온라인 세계에 크게 의존하도록 했다. 대면 회의나 수업 대신 줌 등 화상회의나 스튜디오 촬영이 일상이 되었다. 강연이나 학회 행사도 대부분 녹화 영상 기록으로 남겨 온라인으로 송출되었다. 이제 제법 상황이 나아졌지만, 비대면 기술 의존도는 여전하다. 코로나19로 기술 정서가 급속히 변한 것이다.

비대면 기술에 대한 사회 기대감도 덩달아 더욱 커졌다. 물리적 접촉과 소통이 어려우니 그 대안을 정반대의 비대면 기술에서 찾게 되었다. 일단은 어떻게 하면 효과적으로 전자 소통을 강화할 것인지에 대부분 몰두했고, '제4차 산업혁명'에 이어 '메타버스'라는 가상 아바타 세계에 대한 장밋빛 전망이 우리를 뒤흔들었다. 디지털계와 물질계의 이 혼합 현실에서 비대면 일상의 재구축을 도모하자는 이야기꽃을 피우느라 주류 사회는 한껏 흥분했다. 박물관, 미술관, 도서관, 공연장, 학교 등 물리적 대면 관계를 새롭게 갱신해야 할 곳조차 '메타버스'류의 가상공간에 터를 선점하기 위해 바빠졌다.

코로나19 국면 속 우리 사회 비대면 기술의 적용 방식은 한마디로 기술 과잉이자 폭식을 드러냈다. 신기술 도입이 가져올 도구적 기능 말고 사회적 소통 효과에 대한 진지한 논의 테이블 한 번 없이 아주 쉽게 특정의 기술이 도입되어 쓰이기도 했다. 재난이라는 예외 상황으로 인해 방역 안전과 효율성 논리를 앞세운 신기술 도입에 별반 다른 목소리를 내기도 어려운 진퇴양난의 상황도 한몫했다. 그렇게 비대면 기술 도입과 진화 방식은 별다른 사회적 숙의 없이 가시적 효과만 좋으면 손쉽게 사회 설계에 편입되고 있다.

인간의 '기술에 대한 욕망'

비대면 기술은 갑작스러운 바이러스 공포로 우리 주위에서 손쉽게 찾던 해결책이었다. 신기술이 이미 우리의 성장 동력이 되고 사회 인프라가 된 현실에서 이는 너무도 자연스러운 선택이었다. 하지만 '언택트' 기술이 갖는 효율에 비해 그것이 사회관계에 미치는 위험 요인을 진지하게 따져 묻지는 못했다.

국가 방역 체제가 이제까지 약자를 지키는 사회안전망에 무심했듯이, 코로나19 불안으로 동기화된 비대면 기술은 정작 서로 물리적으로 함께하고 있다는 사회적 공감대에 기댄 '공통 감각sensus communis'을 일순간 부차적 지위로 밀어냈다. 비대면 업무나 관계의 소통 기술은 시공간 효율성을 높였지만, 사회의 온라인 피로도를 높이고 관계와 호혜의 밀도를 약화했다.

전 세계 코로나19 팬데믹 선언 이후 한국은 그 어느 나라보다 신기술을 활용한 방역 체제 유지에 앞장섰다. 비대면 기술로 매개된 방역 사회 운용에 탁월했다. 자가격리 앱과 동선 추적 방식 등 일부 방역 플랫폼 기술은 그 효과가 입증되어 해외에 수출되거나 중요한 성공 사례로 언급되기도 했다. 그런데도 우리 사회 비대면 방역 기술의 도입과 적용은 그리 체계적이거나 사려 깊지 못했다. 바이러스 위협에 큰 숙고 없이 임시방편의 도구적 기술을 사회 여기 저기에 들러붙게 재촉한 것은 아닌지 이제부터라도 따져 봐야 한다.

인간은 자신이 생리적 존재이며 타자와 관계를 맺고 사는 존재라는 사실을 간혹 잊는다. 코로나19로 인한 우리 사회의 비대면 기술에 대한 집착은 이를 잠시 망각한 소치다. 재난 시대 기술은 물리적 삶의 조건과 앙상블을 유지하는 방향으로 가야 한다. 단순히 물질계의 불안감을 일시 해소할 목적으로 기술이 욕망되어서는 곤란하다. 신기술은 인간 사회 속 관계성의 잃어버린 감각을 되살리고 보완하는 쪽으로 신중히 채택되어야 한다. 지금처럼 알고리즘 비대면 소통으로 사람을 가르고 극단의 편에 서게 만드는 사유화된 기술 논리에 사회 소통의 질서를 맡겨서는 위험하다.

지금부터라도 우리 사회는 장기적으로 비대면 기술 소통이 점점 우리의 사회관계를 대신할 때 얻게 되는 효율성만큼이나 그 사회가 잃게 되는 물리적 관계 속 공통 감각의 손실을 정확히 따지는 지혜를 발휘해야 한다. 공통 감각은 양적 성장의 지표로 잡히지 않아서 우리 사회를 지탱하는 무형의 관계와 신뢰의 질적 훼손으로 이어지는 경향이 있다.

방역에 책임을 진 이들은 각자의 자리에서 코로나19의 경과를 차분히 따져볼 필요가 있다. '위드 코로나'를 살아가려면, 우리가 소홀히 했던 공적 가치가 무엇인지, 기술의 위상을 따져 묻고 이에 적극적으로 응해야 한다. 바이러스 방역뿐만 아니라 '사회 방역'이라는 좀더 넓은 그릇을, 그리고 비대면 그 자체가 목적이 아닌 타자와의 공통 감각을 키우는 기술의 자리를 마련하지 않으면 우리의 장기 방역 체제는 전혀 지속가능하지 않을 공산이 크다.

포스트 코로나19 시대
공통 감각의
재구축

안전 사회, 방역 사회, 비대면 사회

코로나19 재난으로 인한 우리 사회의 특징을 아마도 다음 3가지 모습 속에 담을 수 있지 않을까 싶다. 백신 안전 수급과 함께 국민 방역과 보건을 최대한 효과적으로 수행하려는 '안전 사회'의 목표가 있다. 'K-방역'의 조급증과 결합한 사회 통제 모델로서 '방역 사회'의 면모도 보인다. 첨단산업 기술 부흥을 통해 이른바 무균 청정의 '비대면 사회'로 전환을 촉진하려는 속도전 또한 관찰된다.

우선 '안전 사회'의 모습을 보자. 바이러스와의 힘겨

운 싸움에서 문재인 정부는 나름 선방했다. 공격적인 확진 검사 방식과 공공의료의 역할이 얼마나 중요한지도 확인되었다. 그런데도 우리는 또다시 새 정부 들어 바이러스 확진과 변종의 반복적이고 지루한 불안정한 국면을 맞고 있다. 바이러스 감염에 대한 공포는 애초에 백신이 보급되면 쉬 사라질 일이 아니었다.

바이러스 등장 배경으로 제기되는 '인수공통감염병'의 근원을 따져보면, 더 근본적인 치료법이 마련될 필요가 있어 보인다. 인간의 '저렴한 자연'에 대한 수탈과 개발 욕망을 바꾸지 않는 한 계속해 유사 재난 상황이 일어날 확률이 높다는 이야기다. 문제는 우리 '안전 사회'의 목푯값이 애초에 백신 보급과 바이러스 진정 국면까지의 타임 테이블에 멈춰 있었다는 데 있다.

바이러스가 주는 문명사적 교훈을 좀더 긴 호흡으로 따지려 하지 않았다. 또 다른 모습으로 다시 밀어닥칠 지구 생태 위기를 어떻게 장기적으로 대비할 것인지에 대한 논의 공백이 현재로서는 여전히 크다. 공기 좋은 날 미세먼지와 기후 위기의 심각함을 순간 잊어버리는 것처럼, 오늘의 코로나19 팬데믹이라는 충격과 희생은 진정 국면이 오면 또 망각의 늪에 갇힐 공산이 크다. 바이러스 안전 사회에 대한 희구에 비해, 미래 생태에 대한 우리의 비판적 물음과 실천은 무뎌진 상태다.

기술 논리가 낳은 사회 병리

'방역 사회'의 면모는 어떠할까? 마스크 착용은 이제 개인 수준에서 바이러스 감염의 잠재 위협에서 보건과 안전을 위한 최선의 방어 기제가 되었다. 다만 시간이 갈수록 사회적 위협이 바이러스 그 자체보다 이 기식자寄食者(바이러스)의 잠재적 숙주인 사람이 되어가는 경향이 커진다. 대부분 타인과의 접촉과 우발적 마주침이나 낯선 관계를 본능적으로 꺼린다. 실외 마스크 착용이 해제되더라도, 쉽게 타인에게 얼굴을 드러내는 것이 익숙하지 않은 대인 기피형 '마스크 문화'가 형성되었다. 마스크 문화가 타인에 대한 정서적 거리감이나 침묵으로 일부 전이되기도 한다.

마스크의 심리적 관계 위축 효과만큼 사회적 관계 또한 크게 흔들리고 있다. 일상 삶 속 우울과 고독, 자살이 더 심각한 사회문제가 되었다. 20~30대 여성의 자살률이 급격히 늘고 있는 것은 우리 사회 병리의 극단적 징후라고 할 수 있다. 방역 사회의 논리가 시대 명령이 되면서, 많은 일이 원격으로 쉽게 이루어지고 소비는 플랫폼 앱으로 대부분 연결되고 있다. 필수 노동자들, 특히 생업을 유지하거나 단기 현장 일터에 매달리거나 상품 자원 흐름을 연결하는 플랫폼 택배와 배달 노동자들의 삶은 사고와 과로로 더 위험에 내몰린다. 인간의 생체리듬을 무시한 물류 작업이나 새벽 배송에 내몰린 이들의 과로사 또한 증가 추세다.

문제는 방역 사회의 강력한 요청에 비해, 상응해야 할 우리 사회안전망은 작동하지 않고 있다는 데 있다. 주류 현실은 필수 노동자들의 사회안전망 마련에 대한 '방역' 집회조차 안전에 대한 위협으로 간주해왔다. 'K-방역 사회'의 기조가 강화되면서, 시민 표현의 자유와 노동권 보장 권리 투쟁은 어느덧 찬밥 신세가 되었다.

'비대면 사회'의 모습은 좀더 자본주의의 주류 구조 와 연결된 흐름이다. 우리 사회의 주된 관심사는 무균 청정 의 지능형 언택트 기술시장으로 먹고사는 국가 경제의 미 래상이다. 이에 비해 비대면 기술 논리가 우리 일상 감각의 배치를 바꾸면서 만들어내는 기술 소외 등 사회 병리들을 함께 돌보지는 못하고 있다.

예컨대, 비대면 화상회의가 우리에게 편리와 효율성 을 안겨주기도 했지만 '비대면 피로도Zoom fatigue'가 학문 적 논의 대상이 될 정도로 물리적 접촉이 위축된 세계에서 원격 소통 방식이 지배 정서로 등극하는 데 대한 비판이 이 어지고 있다.[27] 우리의 비대면 기술의 과포화 상황은 편리 와 효율 중심의 기술관이 과도하게 반영된 결과다.

비대면 피로도뿐이랴. 이미 시작된 기술 격차와 문 맹, 플랫폼 기술 예속, 탈진실과 가짜뉴스, 알고리즘 일상 통제, 정보 인권 침해 등에서 볼 수 있는 것처럼, 우리 사회에서 숭배의 대상이 된 기술은 타자와의 호혜적 관계를 확대하기보다는 갈수록 정반대 효과를 내고 있다. 이는 사회 속 기술 수용 감각이 어떠해야 하는지에 대한 시민사회적 숙의가 매번 뒷전이 된 까닭도 있다. 코로나19 국면은 이를 더 악화하는 계기가 되었다.

'공통 감각'에 대하여

코로나19 바이러스 재난이 촉매가 되어 우리 사회는 그렇게 안전·방역·비대면 사회로 급격한 변화를 겪고 있다. 이로 인해 우리 사회의 이른바 '공통 감각'을 크게 뒤흔들고 있음을 확인할 수 있다. 같은 사회에서 살며 지니는 공통의 감각이란 나와 타인이 함께한다고 느끼는 교집합적 관계의 정서라고 볼 수 있다. 그런데 현재 우리 사회는 공통 감각에 이상 징후가 감지된다.

독일 철학자 이마누엘 칸트Immanuel Kant는 개인 판단과 주관 너머 인간 사이에 보편적인 소통이 가능한 정서 언어 층위를 '공통 감각Gemeinsinn'이라고 명명한 적이 있다.[28] 우리가 어떤 예술 작품을 평가한다는 것은 매우 주관적·미학적 판단이 개입되기도 하지만, 상호 교감이 이루어지는 공동의 감각 지반이 있다고 볼 수 있다. 미국 정치

이론가 해나 아렌트Hannah Arendt는 칸트식 해석을 사회적 맥락으로 가져와 이를 더 확장한다. 아렌트는 공통 감각을 통해 우리 자신이 듣고 보는 것을 타인과 함께 느끼면서 서로 같은 시공간의 세계에 입장해 있고 비로소 자신이 유령이 아닌 사회적 존재임을 실감한다고 말한다.[29]

칸트나 아렌트의 '공통 감각'은 우리가 서로 함께한다는 유대와 공감의 정서를 강조한다. 그런데 안전·방역·비대면 사회로 변화하는 것은 이 기본적인 사회 감각을 유지하는 일과 상당히 어긋나 있다. 상호 공통의 감각을 돌보고 키우기보다는 국민 각자도생의 기제가 두드러진다. '공통 감각'의 위기는 재난 상황이라는 이유로 유보되고 잊힌 것들을 눈감고 따져보지를 못한 탓에 생겼다. 국민 보건이라는 방역 원칙 속에서도 벼랑 끝에 선 뭇 생명 타자의 기본권과 공생의 조건을 살피려는 노력이 부족했다.

우리 사회의 위기는 공동의 사회 감각을 잃으면서 생긴다. 미국 생물학자이자 페미니즘 이론가 도나 해러웨이Donna Haraway의 말대로, 우리는 모두 "관계에 선행해 존재하지 않는다. 주체, 객체, 인종, 종, 장르, 젠더 모두는 관계의 산물"이다.[30] 우리는 외부 타자와 상호 관계를 통해 우리 자신과 서로를 구성한다. 여기서 우리가 함께한다는 공동의 관계 감각은 단순히 인간들만의 상호 관계만을 뜻하지 않을 것이다. 인간 타자뿐만 아니라 무릇 우리와 함께하

는 범생명체와 기술 인공물과의 호혜적인 관계를 전제로
한다.

'생태 감각'을 배양하는 법

'안전 사회'의 욕망은 백신 보급 너머를 보려는 노
력을 게을리하면서 발생한다. 다른 생명과 어떤 공생의 가
치를 만들어야 하는지를 고민해야 한다는 점에서, 첫 번째
로 우리 사회의 무뎌진 '생태 감각'을 일깨워야 한다. '방
역 사회'의 기조는 사람들 사이 '물리적' 거리 두기를 실제
'사회적' 관계의 거리 두기와 혼동하면서, 약자와 타자의
사회적 돌봄과 연대 의식을 약화했다. 이는 '연대 감각'의
망실이다. '비대면 사회'의 광풍은 인간의 대면 활동을 어
지간하면 원격 기술로 대체하고 자동화하면서 기술로 매
개된 민주적 소통의 정서인 '기술 감각'을 점차 소실하게
끔 이끌었다. 관계를 강조하는 이 생태·연대·기술 감각은
곧 우리 사회 공통의 감각들이 되어야 했다. 그런데 이 모
든 감각이 위태롭게 부유하고 있다.

코로나19 바이러스와 기후 위기를 슬기롭게 뛰어넘
어 다른 삶을 준비하기 위해 우리 사회는 무엇을 해야 할
까? 적어도 위기에 처한 '공통 감각'을 다시 돋우는 작업부

터 시작해야 하지 않을까? 공동의 정서 기반이 무너지면, 당연히 그 사회 자체의 존립이 심히 위태로워진다. 지금과 같이 주로 국가가 욕망하며 대중을 동원하는 재난 사회의 구상은 부분적으로 가시적 효과를 얻을 수 있겠지만 장기화할수록 지치고 부작용도 크다. 적어도 우리 사회의 공통 감각을 마련하기 위한 숙의 과정과 현장 실천이 마련되어야 한다.

우선 장기적으로 유사 바이러스 충격은 물론이고 더 큰 기후 위기를 막는 일은 '생태 감각'을 배양하는 문제와 연결된다. 우리 사회는 다른 삶을 사유할 수 있는 전환의 감각을 키워야 한다. 성장과 개발의 경제 논리를 넘어 공동의 생태 감수성을 키우려는 생태주의적 각성과 실천 없이는 각자도생도 어려운 생태 위기 시대를 벗어나기 어렵다는 점을 인지해야 한다.

'생태 감각'은 일회성 처방이 아닌 대지 위 인간·비인간 종들의 상호 공존을 통해 후속 세대의 안전을 도모하려는 지속가능성의 공감대를 세우는 일이어야 한다. 물론 이는 제도적으로 또 다른 기후 재난을 대비하기 위해 사회적으로 공공의료를 더 단단히 하고, 급박한 탈탄소 전환 정책을 목표로 생태 정치의 실천과 연결되어야 한다는 것을 뜻한다.

'연대 감각'과 '기술 감각'

두 번째로 우리 사회의 첨예한 사회 불평등과 양극화 문제와 얽혀, 방역 사회의 강조로 타자와의 '연대 감각'이 그 어느 때보다 크게 흔들리고 있다. 사회안전망이나 포용적 가치 또한 유실되고 방치되고 있다. '코로나19 난민'의 재난 상황에 맞서 시민사회와 노동 주체 스스로 연대하는 법을 찾을 수밖에 없다. 어렵지만 사회적으로 '몫 없는 이들'과 함께 그리고 그들 스스로 자립해 돌볼 수 있는 연대의 사회적 관계들을 창안해야 한다. '커먼즈commons', '어소시에이션association', '협동주의cooperativism' 등 그것을 무엇이라고 부르든 자율의 공동 결사체를 사회적으로 후원하고 누군가 어려운 순간 함께 우정의 관계 속에 있다는 사회 연대감을 확대해야 한다.

세 번째로 우리의 기술은 줄곧 성장과 통제의 도구로 퇴화해왔다. 동시대 기술은 타자와의 연대와 호혜를 북돋는 인간 문명의 매개체 역할보다는 안타깝게도 우리의 관계적 정서를 왜곡하는 사유화된 인공 질서로 주로 등장한다. 과연 비대면 플랫폼 기술, '소셜'미디어 기술, 원격 소통 기술은 우리 공동의 관계를 북돋는 '기술 감각'으로 보기에 합당한가? 비대면, 자동화, 지능화가 만들어내는 디지털 기술 '독성'의 사회적 영향 평가가 필요한 대목이다.

비상시국에 가속화된 비대면 기술 과잉에 깊게 드리운 그늘진 면모를 드러내고, 어떻게 기술 도입의 완급을 조절하고 관계적 '기술 감각'을 강화할 수 있을지에 대한 사회적 고민이 필요하다. 더 나아가 '기술 감각'의 배양은 기술 약자와 기술 소외를 야기하는 플랫폼의 승자독식 모델을 공생의 기술로 전환하는 일, 시민사회 주도로 기술민주주의적 실천과 사회공학적 개입을 확대하는 일과도 연계되어야 할 것이다.

　　결론적으로, 우리는 '공통 감각'을 이 무기력한 바이러스 위기 현실을 딛고 다른 삶을 기획할 최소한의 공통 기반이자 기초 체력으로 보아야 한다. '생태 감각', '연대 감각', '기술 감각'은 각각 자연, 인간, 기술을 그 대상 영역으로 삼는다. 이 3가지 감각에 기대어 바이러스 재난 상황을 슬기롭게 타개하면서도, 이들 감각의 경계를 가로질러 서로 엮이고 횡단하며 무릇 타자와 약자와 함께하려는 '공통 감각'을 키우는 일이 시급하다.

기술 폭식 사회와
기술민주주의

기술을 향한
맹목적 욕망에
저항하라

기술 폭식 욕망에 압도된 사회

우리 사회의 기술 의존도가 갈수록 커지고 있다. 코로나19 충격으로 인해 플랫폼 앱에 기댄 언택트 경제가 흥행하고 비대면 일상이 익숙해지면서 기술 과열 조짐까지 보인다. 바이러스 위기를 모면하는 방도를 별 숙고 없이 기술에서 찾는 데 익숙해진 까닭이다. 일종의 '기술 폭식 사회'가 된 듯하다. 계속해 먹어도 허기에 시달리며 기술 폭식 욕망에 압도된 사회 현실 말이다. 기술 폭식 사회는 그 어떤 때보다 사회가 기술에 매달리고, 기술 그 자체를 사회문제의 직접적 해결책으로 보고, 자본주의 기술 그 자체에 대한 이성적 판단이나 성찰의 여유가 적을 때 발생하는 이상 현상이다.

오늘 우리 기술의 시류를 보자. '제4차 산업혁명' 열풍이 언제 있었냐는 듯, 이제는 '메타버스'라는 가상의 플랫폼 세상 논리가 그 자리를 대신했다. 업계는 물론이고 교육 현장과 문화예술계에서 이 정체불명의 신생 개념에 한창 크게 들썩였다. 의식 있다는 진보 언론들조차 신흥 기술에 대해 주류 IT 시장 분석과 크게 다르지 않은 목소리를 내는 일이 흔해졌다.

신기술을 통한 경제 부흥론은 기본이고, 우리 사회의 당면한 문제 해결을 신기술에서 찾는 일 또한 점차 늘고 있다. 일터에서 노동자들과 현장 실습에 나온 학생들의 사고사가 끊이지 않는 현실이지만, 정부는 이들 산업재해에서 노동 기본권을 보장하기 위해 나서는 대신 이상하게도 '노동환경 안전 문제 진단을 위한 인공지능 학습 데이터 기반 서비스 경진 대회' 등과 같은 즉흥적인 기술 해법을 고안해낸다.

한술 더 떠, 서울시는 '메타버스 서울'이라는 정책을 제안하기도 했다. 현실의 산적한 도시 문제를 서민들의 삶에 밀착해 풀어갈 공적인 활동이 흐릿해지는 데 반해, 서울시는 오히려 가상의 플랫폼을 축조해 비대면 상황에서 시

민 아바타를 상대하고자 한다. 본말이 전도된 기술 과잉이
자 폭식이다.

기술이 우리 사회에 성장과 함께 편리와 효율을 선
사해왔던 것은 자명한 사실이다. 하지만, 과유불급이라는
말은 기술의 쓰임새에도 다르지 않다. 언제부터인지 기술
이 만능처럼 군림하기 시작하면서 그로 인한 사회문제가
크게 불거지고 있다. 기술은 사회문제 해결에 도움이 되기
도 하지만 쉽게 취사선택할 수 있는 임시방편이 되거나, 아
예 문제의 본질이나 사태를 읽지 못하게 막는 면피용 알리
바이 같은 노릇을 자주 한다. 기술이 우리 사회에 쉽게 뿌
리내리는 방식에 대해 갈수록 의구심이 들 수밖에 없다.

우리 사회에 근래 발생했던 기술 관련 몇 가지 사건
을 살펴보자. 이 사건들은 '기술 폭식'에 빠져 있는 우리에
게 매번 의식의 각성을 주는 단서들이다. 물론 이도 잘 들
여다보지 않으면 자주 망각의 늪으로 사라질 사안들이지
만 말이다.

KT의 인터넷 통신망 마비

첫 번째 사건. 2021년 10월 25일 KT 인터넷 통
신망이 일시 마비된 사건을 보자. 우리가 기억하는 바로는

2018년 'KT 아현지사 화재 사고' 이래 두 번째 큰 사고다. 이 사고 원인은 부산에서 통신 라우터router 장비를 교체하면서 프로그램 설정 중 명령어 입력을 누락해 전국적으로 통신 마비가 눈덩이처럼 확산된 것으로 전해지고 있다.

KT 통신 사고의 원인 진단이나 처리 방식이 이채롭다. KT는 통신 마비 사태가 발생하자 대규모의 외부 디도스DDoS 공격이 원인인 듯이 서둘러 발표했다. 이는 내부 실수와 오류를 잠시 감추기 위한 거짓으로 곧 판명이 났다. 사실상 KT의 업무 실수에서 비롯된 통신 서비스 오류였다. 더군다나 당시 작업을 KT 하도급 직원에게 전적으로 맡기면서 이런 큰 사고가 발생했고, 통신 이용이 적은 시간대인 야간작업 원칙도 이루어지지 않았다는 사실 또한 밝혀졌다. 사고 후 보상액 수준 결정에서도 소상공인 등 KT 고객들의 통신 마비로 인한 실제 손실 보전을 크게 고려하지 않아 공분까지 샀다.

KT 등 기간 통신업체는 텔레비전 광고를 통해 우리에게 질릴 정도로 이음매 없이 매끈하게 연결된 'K-디지털 세상'을 누누이 강조해왔다. 이와 달리 KT 통신 사고는 또다시 우리 사회 기술 운용의 빈틈과 모순 구조를 여지없이 보여주었다. 즉, 전국을 잇는 거대 물리적 통신망도 명령어 한 줄 실수에 일순간 마비될 수 있다는 역설적 상황은 물론이고, 생각보다 허술한 통신망 관리 체제, 사고에 한몫한 하도급 노동 등 열악한 노동환경, 통신 사고의 비체계적 보상 처리와 고객 대응 방식 등 여러 문제가 통신망 장애로 인해 수면 위로 떠올랐다.

인공지능 식별 추적 시스템

두 번째 사건. 2019년부터 우리 정부가 공항을 출입하는 약 1억 건의 내·외국인 안면 이미지 정보를 인공지능 시스템을 개발하는 한 민간업체에 학습 데이터 용도로 제공해왔다는 사실이 뒤늦게 밝혀졌다. '인공지능 식별 추적 시스템 구축 사업'의 목적으로 민간기업이 인공지능 기술을 개발하고 정부는 이를 위해 학습용 데이터를 공급했다. 법무부와 과학기술정보통신부의 합작품인 이 인공지능 시스템은 안면 인식 기술을 사용해 공항 출입국 심사의 자동화된 빠른 신원 확인과 함께 위험인물 식별과 추적 등 범죄 예방 목적으로 운영될 예정이었다.

문제는 정부가 개인 안면 이미지 정보 활용과 처리에 대한 당사자 동의 과정을 생략한 데다가 민감한 정보인 생체 인식 정보의 처리 요건도 제대로 준수하지 않은 데 있었다. 사회적으로 민감한 '인공지능 식별 추적 시스템 구축'에 대한 공론화 절차가 없었던 것 또한 정부의 실책으로 지적될 만하다.

여러모로 이 사안은 '인공지능 챗봇 이루다' 사건을 떠올리게 한다. 이루다 사건은 인공지능 개발을 위해 한 스타트업이 자신의 연애 앱 서비스에서 개인의 민감한 정보가 뒤섞인 100억 개의 학습용 데이터를 사용해 문제가 되었다. 게다가 챗봇 이루다는 이용자와 대화 중에 잘못된 학습 편향으로 혐오 발언 논란까지 일으켰다. 당시 개발사 측은 고객 데이터 활용에 대한 사전 고지 의무를 지켰고, 학습 편향은 이용자와의 대화를 통해 개선될 것이라고 항변했다. 이에 분노한 이용자들은 불투명한 고객 데이터 수집과 처리 과정에 대해 개발사를 상대로 소송을 제기하기도 했다.

챗봇 이루다 논란과 마찬가지로 공항의 인공지능 식별 추적 시스템 또한 시민 데이터를 대상으로 한 인공지능 기술개발의 논쟁적인 사례로 볼 수 있다. 불행하게도 두 사례 모두 다 같이 시민과 고객 정보 활용에 대한 사전 고지나 데이터 보호 과정에서 불철저한 모습이 관찰된다. 또 효능감 좋은 기술이라면 데이터 인권 문제를 부차적으로 보는 인식이나 태도가 묻어난다. 물론 '인공지능 식별 추적 시스템' 개발은 두 정부(박근혜·문재인 정부) 부처가 주도해 민간기업에 대규모 공적 민감 데이터를 넘겨준 것이라는 점에서 공모적 성격이 강하고, 공항 출입 내·외국인의 지문과 안면 이미지 등 '고위험' 생체 정보를 다루었다는 점에서 인권 침해 소지가 더 클 수 있다.

표류하는 데이터 인권

세 번째 사건. 2021년 10월 19일에 데이터 산업 육성법, 이른바 '데이터 산업 진흥 및 이용 촉진에 관한 기본법(데이터 기본법)'이 통과되었다. 이 법의 입안立案에 의욕을 보였던 과학기술정보통신부는 이를 "데이터 산업 육성을 아우르는 세계 최초의 기본법"이라면서 추켜세웠다.

지난 몇 년간 쉴 새 없이 이어진 정부의 기술 성장 계획을 더듬어보자. 문재인 정부의 '4차산업혁명위원회' 설치, '인공지능 국가 전략'에 이어 코로나19 충격 속 '디지털 뉴딜', 윤석열 정부의 '디지털 경제 패권 국가'에 이르기까지 기술을 통해 성장을 도모하려는 각종 정부 계획이 물밀듯이 쏟아졌다. 관련 법안 제정도 크게 이루어져, 2020년 1월 데이터 환경에 맞춰 관련 정보 법안들을 재정비한 '데이터 3법'이 통과되었다. 민간 데이터의 시장 활용을 법적으로 보장하려는 시도였기에 당시 시민사회의 반발도 컸다. 이로 인해 시민 데이터 보호론과 산업 활용론 사이에 존재하던 운동장이 급격히 기울어지기 시작했다.

'데이터 기본법' 제정은 그 기울어진 운동장을 반영 구화하는 효과를 지니고 있다. 아예 '산업용' 데이터 육성 과 관련 전문기업 활성화를 위한 체계적인 법안에 해당하 기에 그렇다. 산업중심주의에 기댄 입법안에 매달리면서 상대적으로 시민의 데이터 인권은 표류하고, 대놓고 외면 당하는 처지에 놓이게 되었다. 이러한 상황에서 정부와 기 업의 인공지능 데이터 보호 불감증은 시민의 데이터 인권 상황을 악화하는 데 가세한다.

더욱 우려할 만한 일은 시민들에게서 생성된 데이터 의 산업 활용을 과도하게 강조하는 각종 산업 진흥 법안이 만들어지면서 '개인정보보호법'에 기댄 유권해석과 충돌 될 일이 많아지리라는 점이다. 성장 논리가 압도하면서 시 민의 개인정보 권리가 유실될 공산이 커졌다.

'기술 리얼리즘'의 단초들

마지막 사건. 2021년 10월 민주당 이재명 대선후 보의 로봇 학대 논란이 일었다. 한 로봇 시연 행사장에서 재난 대응용 4족 보행 로봇의 몸통을 밀어 넘어뜨리고 뒤 집는 그의 행동이 사회적으로 논쟁을 불러일으켰다. 이미 주최 측과 사전 연출된 것으로 확인되었지만 논란은 쉽게 가라앉지 않았다. 지능로봇을 반려종에 빗대어 보고 그의 행동을 폭력으로 몰아 정쟁화하려는 '어그로꾼(특정인에게 도발해 소셜미디어 이용자들의 관심을 끄는 사람)'들까지 가세했다. 이 또한 우리의 기술 폭식 사회의 단면을 보여주었다.

　　물론 이 사안은 한 정치인의 인성이나 비인간 생명에 대한 폭력성이 문제가 아니었다. 오히려 이는 우리 사회가 기술을 바라보는 시각을 드러냈다. 즉, 우리는 기술이 놓인 사회적 맥락이나 의미를 주로 살피기보다는 기술의 시각적인 재현이나 장식 효과에 몰입하는 경향이 있었다. 유사하게, 서울시의 '메타버스 서울' 정책의 발상 자체도 기술의 사회적 맥락이나 쓰임보다는 기술의 스펙터클한 재현이라는 대중심리적 홍보 효과를 얻는 데 주요 목적을 둔 것으로 이해할 수 있다. 위태로운 도시 속 삶을 똑바로 마주하려 했다면, 아직 존재하지도 않는 은유의 가상공간 개념이나 기술 소재를 끌어오지는 않았을 것이다.

　　우리의 기술 폭식과 편식은 정작 화려한 기술의 속내를 읽는 비판적 시선을 무디게 만들어왔다. 이 일련의 사건들, 즉 KT의 안이한 데이터 관리로 인한 전국 통신망의 마비, 정부와 기업의 데이터 인권 불감증, 이를 뒷받침하는 각종 데이터 산업 육성 법안, 블랙코미디 같은 로봇 학대 논란, '메타버스 서울' 정책 등은 사실상 우리 사회 기술이 처한 자리를 읽을 수 있는 '기술 리얼리즘'의 단초들이다.

하지만, 이 사건들은 기술사의 오래전 작은 일화들처럼 또 잊혀갈 것이다.

　오랜 시간 우리는 정부와 기업이 내놓는 기술 상차림에 쉽게 길들었다. 너도나도 기술 그 자체는 완전무결하고 결점이 없는 것이라고 믿어 의심치 않았다. 정부와 기업이 이끄는 기술을 받아들이고 따르면 찬란한 성장과 분배의 과실이 누구에게나 있을 것이라고 믿었다. 하지만, 현실은 달랐다. 기술이 고도화되더라도 자주 오류를 낳고 많은 사람의 심신을 크게 다치게 한다는 것, 동시대 기술 체제는 시민 데이터의 합법적 강탈 없이는 존재 불가능하다는 것, 위태로운 삶의 조건을 덮거나 은폐하는 데 기술이 종종 액세서리같이 쉽게 도용된다는 것 등 우리가 그토록 믿었던 기술의 민낯이 드러나고 있다.

　이제는 기술 폭식과 편식을 일방적으로 강요하는 구태의 프레임을 깰 필요가 있다. 오늘날 데이터 경제와 사회의 주력은 정부와 기업만이 아니다. 그 누구보다 시민의 데이터 활동이 곧 사회 공통의 부가 되는 현실을 인정할 필요가 있다. 사회의 모든 주체가 동등하게 데이터 사회 형성에 이바지하고 있다면, 기술 운용의 균형점을 찾아야 할 것이다. 기술 그 자체도 열광의 소재 거리가 아닌 공생공락의 대상으로 진지하게 인식되어야 함은 물론이다.

'조회수 알고리즘' 사회와
공론장의 위기

온라인 공론장의 퇴락

1990년대 중반에 인터넷의 대중화가 이루어지면서 적어도 미디어의 공론장 역할에 새로운 전기가 마련된 듯했다. 학계에서는 '포스트미디어' 시대라고 상찬할 정도로, 인터넷 기술은 탈중심의, 익명의, 비경쟁의 온라인 소통 공간을 만들어냈다. 텔레비전 등 대중매체의 일방적이고 계몽주의적 속성과 달리, 인터넷은 '전자 아고라'와 '온라인 공론장' 등으로 불리며 시공간 제약을 넘어 평등주의적으로 연결하고 소통하며 누구든 자유롭게 발언 가능한 가상의 호혜적 커뮤니티를 세울 수 있다는 희망을 주었다. 서로 다른 목적과 취향을 지닌 누리꾼은 물리적 한계를 넘어 그렇게 온라인 공동체를 만들고 시민 여론을 조성하는 경쟁의 정치 공간들을 구축했다.

우리의 정치 현실을 잠시만 떠올려보라. 실제 인터넷의 공론장 역할은 탁월했다. 온라인 공간의 여론은 촛불 시위 등으로 현실에 영향을 미쳐 정치 현안이나 의제를 바꿔냈고, 다시금 현실 광장 정치가 인터넷 여론으로 선순환하는 온·오프라인 소통 과정의 역동성을 보였다.[31] 인터넷은 '떼'로 움직이는 다양한 급진 정치·사회적 정동情動의 에너지를 실어 나르는 일종의 미디어 가속 장치 노릇을 도맡았다.

그 후 수십 년이 흐른 오늘, 인터넷 현실은 어떠한가? 격세지감이다. 닷컴기업과 빅테크의 사유화 논리가 지배적이다. 인터넷 신기술은 시장 진화를 거듭하며, 급기야 빅테크 기술이 우리 사회를 조직하고 구성하는 관계의 인프라가 될 정도로 정치적 소통의 질을 규정하고 있다. "정치인들은 항상 현실을 조작해왔지만, 텔레비전과 이후의 인터넷은 진실을 얼버무리는 새로운 플랫폼을 제공"하고 있다.[32] 특히 빅테크가 제공하는 소셜미디어의 플랫폼 기술과 네트워크 논리는 아예 사회관계를 포섭하고 규정하는 신생의 물질적 조건이 되어가고 있다.

물리적 사회관계에서 소셜미디어 관계로

카카오, 유튜브, 페이스북 등은 우리에게 그저 플랫폼 기업이 아니다. 이들이 제공하는 소통의 미디어 도구들은 앱 서비스 이상의 의미를 지니게 되었다. '소셜'미디어는 더욱 적극적으로 우리 인간의 사회 속 관계를 재구축하고 의사소통 방식을 특정 채널화하는 기초 기술 인프라로 자리 잡아가고 있다.

한때 '온라인 공론장'이라고 부르던 대안의 전자 소통 방식도 크게 사그라지고 있다. 그것을 대신해 닷컴 자본이 축조한 '소셜'미디어 플랫폼과 '메타버스'라는 자본의 가상공간 질서로 대체되고 있다. 전통의 물리적 의사소통과 사회 교감 경험은 이들 플랫폼이 축조하는 '소셜' 가상현실 속 클릭과 조회수, 댓글, 평점, 아바타와 가상통화 가치 등으로 빠르게 이전되고 있다.

데이터 '무급(공짜) 노동'을 하고 있다며 현대인의 처지를 비관적으로 묘사했던 이탈리아 미디어 이론가 티치아나 테라노바Tiziana Terranova는 스마트 미디어에 의한 사회의 질적 변화를 '테크노소셜technosocial'이라는 개념을 통해 설명해낸 적이 있다. 그가 말하는 '테크노소셜' 국면이 되면, "사회적인 것이 직접적으로 코드화되고, 디지털 커뮤니케이션 기술에 의해 재귀적으로 재구성되고 변형"된다.[33] 한마디로 현실 사회관계가 사유화된 '소셜'미디어 기술 질서에 의해 재구축된다는 이야기다.

사회의 소통 구조가 '테크노소셜' 환경으로 바뀐다는 것은 시장 기술의 논리 구조가 사회 대화와 소통의 기본이 된다는 이야기다. 혹자는 그것이 뭐 대수냐 되물을 수 있다. 그런데 이는 문제의 차원을 심각하게 만든다.

사회적 관계 특성이 점점 빅테크가 축조한 인공지능 알고리즘 기술과 인터페이스 설계에 크게 휘둘린다면 사태는 크게 달라지기에 그렇다. 이는 인간이 맺는 사회적 관계가 '소셜'미디어의 지능형 알고리즘 관계로 형질 전환한다는 말이다. 물리적 접촉과 상호 대화라는 몸의 물리적 교류에 기댄 기존 관계가 데이터 알고리즘으로 자동 처리되고 관계의 경중이 우리도 모르는 전산학적 가중치로 치환되는 기술 현실이 될 때, 과연 우리는 타자와 정상적인 상호 소통을 할 수 있을까?

다른 집단 사이일수록 면대면 접촉이 부족하면 상대에 대한 이해 부족과 왜곡된 상으로 인해 집단 편견이 확산되는 일이 잦다. 당연히 인간은 대면 접촉과 신체 교감을 통해서 좀더 상호 소통과 상대를 이해하는 공감 정서를 획득할 수 있다. 수많은 물리적 대면을 데이터로 환산해 자동화된 인공지능 알고리즘 기제로 대체하거나 매개하면, 많은 부분이 생략되거나 왜곡되어 소통 과정의 기술 편향과 왜곡을 겪을 공산이 크다.

　코로나19 팬데믹이 야기한 예기치 못한 '사회적 거리 두기' 현실은 이 점에서 우려할 만하다. 소통의 대면 감각이 점차 화상회의와 전자적 접속에 의한 가상 관계로 대체되는 경향이 점증한다. 플랫폼 기업들이 각인하는 기술 회로와 설계에 따라, 우리 의식의 흐름이나 정서가 더 쉽게 요동치는 신생의 '소셜' 관계 상황이 펼쳐지고 있다.

조회수와 주목 경제

　한 사회 내 계급 이해가 서로 상충하는 집단 사이의 협상과 숙의 과정에서 중개역 노릇을 하던 미디어의 전통적 공론장 역할은 이미 유물이 된 지 오래다. 오늘날 개인과 집단 사이에 '소셜' 관계성이 지배하면서 사회는 '저들'에 대한 적대 의식들로 뭉친 정치 부족들로 수없이 파편화되고 쪼개지는 형국이다. 우선 이를 키우는 원인에는 '조회수' 알고리즘 정치가 자리한다.

　우리의 온라인 대화와 행위는 갈수록 닷컴기업의 알고리즘 계산식에 크게 좌우된다. 사회가 '소셜' 관계로 대체될수록 조회수와 구독을 높이는 일은 곧 돈과 직결된다. 조회수와 클릭을 유도하기 위해 자극적 소재의 콘텐츠는 물론이고 혐오, 편견, 극단의 정서까지도 불러일으킬 정도로 인플루언서라고 불리는 이들은 자신의 동조 세력을 '구독'과 '좋아요'로 끝없이 끌어모으려 든다.

정치 유튜버들은 '어그로', 즉 남들의 시선을 붙들어 두는 것에 집착하면서 상징 폭력의 극적 희생양을 찾기 위해 항시 몰두한다. 이들은 주목과 관심이 개인 수익과 직결되는 소셜미디어 노동자로 전업하면서도, 동시에 현실 정치의 속성까지도 왜곡하는 일에 가담한다. "무플(무댓글)보다 악플(악성댓글)이 낫다"는 소셜미디어 속 생존 논리는 민주적 소통의 관계보다는 '아니면 말고'식 막말의 향연이 더 주목을 이끌게 하고 이를 따르는 정치 팬덤을 만드는 기이한 현상을 일으킨다.

2010년대 초 소셜미디어가 국내에 등장하던 때만 하더라도, 트위터 등을 통해 사회적 공감과 약자와의 연대를 실천하던 공론장 역할이 두드러졌다. '소셜테이너(소셜미디어와 연예인의 합성어)'라는 개념이 생길 정도로 연예인들의 소셜미디어를 매개한 정치적 소신 발언과 약자와의 사회연대 정서가 줄을 잇기도 했다. 하지만 오늘날 소셜미디어는 최고 조회수와 구독 추종자를 거느릴 수 있다면 진실의 왜곡이나 막말 정도는 아무것도 아닌 또 다른 퇴행의 미디어 현실을 만들어내고 있다.

오늘날 '주목 경제' 아래 "조회수 자체가 돈이요 영

향력"이 되면, 사회적 관계가 심하게 뒤틀리기 시작한다. 즉, 조회수를 높이기 위해서 뭐든 하는 새로운 '소셜' 어그로 인간형이 활개를 치기 시작한다.[34] 가령, 음모론자, 사이버 렉카(남의 사건·사고로 시선을 끄는 자), 프로보커터(타인을 도발해 주목을 얻으려는 자), 어그로꾼, 트롤(악의적 훼방꾼) 등으로 지칭되는 이들이 백가쟁명식 주목 경쟁을 벌인다. 이들은 이미 '조회수' 알고리즘 논리에 통달해 있다. 아이러니하게도 이 '소셜' 인간들에게 훈장처럼 쌓인 구독과 조회수는 퇴행의 정치문화를 상징한다.

정치적 부족주의

인간이 생존 그 자체에 매달리고 불평등이 크게 존재하는 불우한 현실에 처할수록, 타자에 대한 정치경제학적이고 구조적 문제들을 받아들일 여유가 없다. 오히려 자신의 불안감을 풀기 위해 '저들'을 증오하는 '정치적 부족주의'로 퇴각하도록 유혹한다.[35] 정치적 부족주의는 계급과 정체성의 정치를 증오와 혐오의 정치로 환원하는 우익 포퓰리즘의 양상이라고 볼 수 있다. 우익 부족주의의 논리는 비정규직 노동자, 여성, 장애인 등 사회적 약자와 타인을 표적으로 삼고 그들을 배제하는 혐오 발언과 폭력 심리

를 내집단의 동일시 논리로 삼고 이를 부족 응집력으로 고착화한다는 점에서 퇴행적이다.[36]

'소셜'미디어가 사회관계를 압도하는 또 다른 특징은 바로 이런 특정 혐오나 적대 대상을 표적으로 삼아 내집단을 공고히 하려는 정치적 부족주의를 돕고, 이들의 정치적 확증 편향을 더욱 강화하는 데 있다. 다시 말해 생존 불안의 시대일수록 약자와 타자 혐오를 통해 내집단 소속감과 안정을 취하는 포퓰리즘적 정서에 '소셜' 알고리즘이 쉽게 공모한다. 시장을 위해 고안된 맞춤형 '소셜' 알고리즘 기제는 닮은꼴 성향의 이들을 쉽게 특정 관심사에 맞춰 서로 잡아 끌어당긴다.

가령, '소셜' 알고리즘은 공통의 정서를 지닌 이들에게 동일 계열의 극단의 콘텐츠를 끊임없이 추천한다. '우리'는 알고리즘이 추천하는 자극적 콘텐츠를 공유하며 '저들'에 대한 적대 의식을 드러내고 내집단 내 일체감을 꾀한다. "알고리즘은 자신이 복무하는 시스템이 가진 암묵적 편향을 모방한다. 그들의 도덕적 가치를 계속 훈련하여 과거의 오류를 재생산하기 때문이다."[37] '소셜' 알고리즘으로 분석되어 묶인 주체들은 그렇게 동일시의 소속감을 만끽한다.

유튜브에서 늘 '자동 재생'되는 콘텐츠의 노출과 추천 알고리즘 패턴은 내집단의 '확증 편향'을 또한 강화한다. 나와 내집단이 보고 싶고 믿고 싶은 것만 알고리즘이 추천하고 공유하기 때문이다. '확증 편향'은 그렇게 더 많은 편향된 극단의 정치 부족과 종족을 만들어낸다. 동시에 '소셜' 정치꾼은 조회수와 구독자 수를 높이기 위해 또 다른 희생양을 찾아 자극적 메시지를 효과적으로 유통하며 좀더 자신의 정치 영향력을 키우려고 한다. 이러한 온라인 선동가들을 추종하는 '소셜' 부족 성원들은 그 어느 때보다 비판적 이성의 판단을 의식적으로 행하기 어렵다.

가짜뉴스와 알고리즘 정치

알고리즘으로 구축된 '소셜' 관계는 궁극에 우리의 비판적 사유와 판단을 후퇴시킨다. 일종의 "시장경제를 닮아가는 정치"를 만들어낸다.[38] 가령, '알고리즘 정치'는 내 동지를 팔로워와 페북 친구로, 적과 '그들'의 구분은 '언팔(팔로워 탈퇴)'과 폐절된 이들로, 정치 저항은 인증 셀카과 해시태그로, 연대는 '좋아요'와 구독으로, 사유와 판단은 알고리즘 추천 등으로 쉽게 치환한다.[39] 정치는 취향으로 쪼그라들고, 그런 취향조차 알고리즘 채널로 굳어지고, 경쟁과 저항의 미디어 공론장은 '관종(타인의 관심에 목매는 사람)'과 어그로꾼에 의해 무력화된다.

'소셜'미디어가 조장하는 사회관계는 경쟁 주체들의 정체성의 정치보다는 사회적 희생양에 대한 언어폭력과 정치 사안들을 무한히 가볍고 즉각적으로 반응하는 데서 주로 활성화되고 주목과 쏠림이 이루어진다. 그렇게 우리의 물리적 사회관계를 대체해 '소셜' 알고리즘의 서열과 가중치에 의해 축조된 공학적 관계에서는 시민 공통의 지속가능한 정치 감각을 배양하기 어렵다.

시민들 사이 '소셜' 관계와 소통의 불안정성을 높이며 등장한 새로운 골칫거리인 가짜뉴스를 보라. 가짜와 음모가 정치적 주목도를 높이는 중요한 수단이 되면서, 진실을 기반으로 한 소통 방식이 흔들리기 시작한다. 진실의 가치를 뒤흔드는 가짜의 범람은 사회의 '공통적인 것'을 위협하고 망실하는 효과가 있다. 가짜와 오정보誤情報는 우리에게 친숙하고 역사적으로 검증된 진실조차 판단을 유보하게 하고, 시민의 합리적 의사 표현까지도 망설이도록 한다. 그렇게 가짜가 판치는 소셜미디어 현실은 시민의 정치 피로도를 극대화한다.

결국, 오늘날 현실 정치의 위기는 일상의 '정치적인 것'을 장악해가는 새로운 '소셜' 알고리즘의 지배 문제에서 크게 비롯한다. 막말 포퓰리즘이 극에 달하고, 어그로꾼이 현실 정치를 대리하는 현실은 더는 온라인 공론장이 가동하지 않는다는 사실을 방증한다. 사회관계가 '소셜' 알고리즘 관계로 점점 굳어지는 한 일상의 정치적인 것의 소멸과 공론장의 몰락은 눈에 보듯 뻔하다. 이를 피하려면 알고리즘 기술 논리가 시장 영역을 벗어나 우리의 사회관계를 획정劃定하는 월권을 막아야 한다. 기업의 영업 비밀로 시민의 정보공개 요청과 접근을 막아 '알고리즘의 무자비성'을 방치하는 현실을 바로잡아야 한다. 궁극적으로 '알고리즘의 무자비성'에 대한 사회적 투명성과 규제력을 확보하는 법제도 개선이 이루어져야 한다.[40]

극단의 혐오와 비이성적 막말 폭력을 비즈니스 자원으로 삼는 디지털 플랫폼을 제어하는 일도 필요하다. 그들의 첨단 소비주의적 구상이 '테크노소셜' 정치의 틀을 규정한다는 점을 충분히 살펴야 한다. 디지털 플랫폼이 사적 지배에 휘둘리지 않으면서도 시민의 경쟁적 공론장 역할을 충분히 하려면, 시민사회와 노동자 스스로 이의 운영 주체로 나설 수 있는 협력과 공생의 새로운 공유 플랫폼이 번성해야 한다. 이는 시장의 소유 구조와 분배의 혁신으로 연결되기도 하지만, 민주적 플랫폼을 통한 정치적 공론장의 형성에 시민사회가 개입하는 방식이기도 하다.

궁극적으로는 '알고리즘 정치'의 왜곡과 폐해에 휘둘리지 않을 새로운 대안 정치의 기획이 마련되어야 한다. 다른 삶과 공존의 삶을 위한 급진적 정치의 상상력과 기획은 오늘 알고리즘 정치 위기를 벗어나기 위한 가장 효과적인 정공법일 수 있다. 급진적 현실 정치의 부재는 경쟁의 공론장이 되어야 할 온라인 소통 공간을 더욱 뿌리 없이 표류하게 하고 우익 포퓰리즘의 난장판이 되도록 부추길 것이다.

시민 자율과
자치에 기댄
기술민주주의

'초기술 사회'를 향해

얼마 전까지도 우리 사회 속 기술 수용은 그리 대중의 관심사가 아니었다. 일반인들의 기술 체감도 크지 않았다. 여전히 기술은 국가의 일이었다. 정확히는 주로 재벌의 성장 지표에 관심이 많은 엘리트 관료들의 관심사였다. 하지만 스마트 기술이 일상으로 확산되면서 상황이 많이 바뀌었다. 일반인이 느끼고 감지하는 기술 경험이 확실히 달라졌다.

유튜브에서 먹고사는 일이 청소년 장래 희망 1위로

등극했다. 플랫폼 알고리즘 기술이 노동하는 사람의 생사여탈권을 쥐락펴락하고 있다. 철석같이 믿었던 뉴스와 정보에 대중 여론이 수시로 쏠리고 휘둘린다. 소셜미디어로 맺고 끊는 감정과 정서 관계에 큰 상처를 받거나 우울증에 시달린다. 별점과 댓글이 평판이 되면서 실물 자원들(노동, 집, 식당, 건물 등 부동산)의 질적인 가치까지 들썩인다. 디지털 기술이 일상의 조직 원리가 되고, 그 자체가 심각한 사회문제로 떠오른다.

코로나19 팬데믹이라는 재난 변수는 기술의 사회 속 역할을 가속화하고 있다. '4차산업혁명위원회', '인공지능 국가 전략', '디지털 뉴딜', '디지털 플랫폼 정부', '디지털 경제 패권 국가' 선언 등 우리 사회는 이른바 '초기술 사회'를 향해 숨 가쁘게 달려가고 있다. 이의 촉진을 위해 '인공지능 10만 양병', 유·초·중·고 대상 인공지능 교육 신설, 민간 데이터의 극한 활용을 보장하는 '데이터 3법'과 '데이터 기본법' 제정 등 국가 기획안과 법안이 끝없이 쏟아졌다.

문제는 우리 사회의 기술 가속과 과잉 움직임이 그리 사회 혁신이나 '기술민주주의'와 무관해 보인다는 데 있다. 외려 성장주의만을 위하거나 기술의 도구적 합리화 과정에 가까워 보인다. 성장과 효율의 목표를 위한 신기술 폭주로 단순 수렴되고 있다는 점에서 크게 우려스럽다. 첨단기술로 매개된 우리 사회의 전체 위상이 어떠해야 하는지 깊이 따질 여유 없이, 브레이크 없는 기관차처럼 미친 듯 질주하는 모양새다.

시민 주도 정책 사업의 성과

물론 국가가 성장과 효율만을 위해 기술을 도구화한다고 단정할 수는 없다. 상대적으로 미약하지만, 기술의 사회 안착 과정에 시민사회의 역할을 적극적으로 고려하는 민관 '협치' 지향을 보여주기도 한다. 문재인 정부의 이른바 '과학기술 시민 참여 모델'은 그 대표적인 사례로 볼 수 있다. 이제는 거의 빛바랜 구호들이 된 '사람이 먼저', '포용 사회', '시민 주도' 등이 핵심으로 내걸린 과학기술 매개형 혁신 정책안이었다.

'과학기술 시민 참여 모델'은 중앙정부와 지자체 등이 소규모 예산 지원을 하고, 시민이 과학기술 의제에 주도적으로 참여하며, 전문가들이 특정 사회문제 해결의 실마리를 시민들과 함께 찾아 풀어나가는 협력형 프로젝트에 해당한다. 이슈에 따라 정부 지원을 받아 사회 혁신의 해법을 만드는 개방형 과학기술 실험실인 셈이다. 가령, 문재인 정부 시절 과학기술정보통신부의 '기술·사회 통합 R&D

연구', 지자체에서 벌여왔던 '리빙랩(과학기술 사회 혁신 실험)' 공모 사업, 행정안전부의 '디지털 사회 혁신' 공모 사업, 한국과학창의재단의 '우리동네과학클럽', 국토교통부의 '스마트 시티형 도시재생 뉴딜 사업', 서울시의 '공유도시 서울' 사업 등이 대표적이었다.

과학기술을 매개로 한 이 시민 주도 정책 사업들의 성과가 어떠했는지를 이제는 따져볼 때가 되었다. 물론 여기서 사업의 성과를 들여다본다는 것은 이들이 우리 사회 공동선에 질적으로 얼마나 이바지했는지를 파악하는 일일 테다. 애초 서로 다른 배경의 과학기술 정책들을 한데 모으고 이를 질적으로 평가한다는 일 자체가 어려운 일이다. 그렇더라도 개별 부처나 기관의 사업 특수성을 넘어 한 사회가 지향하는 기술 혁신의 철학과 방향 정도를 수시로 확인하는 일은 중요하다. 이는 적어도 우리 기술 현실의 윤곽을 반성하며 읽는 방법이기도 하다.

전반적으로, '과학기술 시민 참여 모델'은 도시 빈곤, 공해, 미세먼지, 에너지 전환, 환경문제, 자원 공유, 장애인, 여성 안전과 불평등 등 첨예한 우리 사회의 문제를 들여다보고 시민 스스로 공학적 도구를 갖고 해결책을 찾고자 했다는 점에서 나름 문재인 정부의 성과로도 볼 수 있다. 이는 시민 주도형 사회공학적 방법론의 가능성을 보여주었다. 문제는 사회공학적 해법이 질적 민주주의 실현과 맞물릴 때만 힘을 제대로 쓸 수 있다는 데 있다. 사회공학적 해법만을 주로 강조할 때 그것의 취약함이나 한계는 분명해진다.

　　실제 많은 국가 사업이 '시민의 주도력'을 강조해왔지만, 제대로 된 시민 참여가 이루어지지 못했다. 이를테면, 전문 과학과 기술 지식이 필요할 때에는 엘리트 집단이 사안을 주도하면서 일반 시민들이 주변화되는 경향이 흔했다. 기실 '시민 주도'라고 강조하지만, 시민의 존재감이 별로 없거나 시민의 역할이 크게 주목받지 못하는 혁신 모델일 때가 많았다. 설사 일반 시민과 지역 주민의 역할이 크다고 할지라도, 그 해법 자체가 서툴거나 조악한 예도 있었다. 게다가 중앙정부나 지자체 기관들이 시민 의제에 과도하게 통제력을 행사하면서, 사업 자체의 성격이나 해결책이 오염되기도 했다.

　　정부 지원 시민과학기술 정책보다 조금 더 자율적인 흐름도 존재해왔다. 풀뿌리 시민사회의 현장 운동이 그것이다. 이미 국내에서는 1980년대 중반부터 '시민과학' 운동이 자생적으로 성장했다. '시민과학' 운동은 급진적인 유럽의 기술정치 환경에 영향을 받으면서 과학기술에 대한 시민 일반의 공익 지식 생산과 이를 통한 사회 혁신과 개입을 지향해왔다. 예컨대, 반공해 운동, 시민과학센터 활동, 과학상점, 합의 회의, 기술영향평가 등 지역사회, 대학,

시민사회 기반의 과학기술 운동의 역사가 그것의 중요한 사례들이다. 이들 중 일부는 역사의 뒤꼍으로 흐지부지 사라져버리거나, 일부는 과학기술 제도나 정책으로 안착하기도 했다. 그리고 일부 시민사회의 유산은 계속 에너지 자립 운동, 정보 인권 운동, 적정기술 운동, 기후정의 운동 등으로 분화하며 진화를 거듭해왔다.

데이터 민주주의와 시빅 해킹

시민과학의 역사적 전통은 정부 지원의 시민 주도 혁신 정책보다 사회 개입적이라고 볼 수 있다. 이를테면, 시민과학은 처음부터 사회 정면에서 정부와 기업 감시를 수행하며, 생명·생태 교란이나 종 파괴와 연계된 과학기술 문제를 독립된 시민사회의 대안 실천 의제로 다루었다. 시민사회의 기술 자치와 현장 개입 의지가 꽤 강고했다고 볼 수 있다. 과학기술과 사회 의제에 대한 낮은 주목도나 성장 일변도의 경제 현실을 고려하면, 상대적으로 그 파급력은 미약하기는 했지만 말이다. 초기 시민과학 운동에 비해 오늘 나아진 사정은 그것이 혜택이건 고통이건 대부분 우리가 과학기술의 효과를 일상 깊숙이 체감하고 있다는 데 있다. 그 어느 때보다 시민 스스로 과학기술의 사회적 문제를 따져보고 이를 제고할 수 있는 '시민력'이 고양되었다.

나는 그 긍정적 징후로 이른바 '데이터 민주주의'의 최신 흐름을 꼽고 싶다. 가령, '시빅 해킹civic hacking'은 이의 구체적 현실태다. 이 개념은 시민 자신이 주체가 되어 공공 데이터를 사회 혁신의 방향으로 이끄는 공동체 자치와 공공 협치 활동을 강조한다. 2020년 EBS가 〈시민의 탄생〉 다큐멘터리에서 이 주제를 다룰 정도로 우리 사회의 '데이터 민주주의'에 대한 관심이 부쩍 높아졌다.

'시빅 해킹'은 한마디로 데이터 기술을 사회 혁신과 결합하려는 시민사회의 실천 의제로 볼 수 있다. 원래 '해킹'은 특정 기술을 뜯어보고 권위에 의해 닫힌 설계를 우회해 생산된 성과와 지식을 참여자들이 함께 나누고 공유하는 컴퓨터 자유 문화를 지칭한다. 여기에 '시빅(시민)'이 붙으면서 좀더 시민사회에 의해 의제화된 사회적 해킹 행위로 개념이 탈바꿈했다.

'시빅 해킹' 개념과 운동이 최근 들어 더 유행을 타는 까닭은 타이완의 해커 출신 디지털 특임장관 오드리 탕Audrey Tang의 명성 덕택이 아닐까 싶다. 이미 그는 공직에 발탁되기 이전부터 '거브제로g0v'라는 시민사회 조직을 만들어 프로그램 개발자들과 커뮤니티 모임을 주도했던 인물이다. 구체적으로 해바라기 학생운동, 타이난臺南 지진, 가오슝高雄 가스 폭발, 미세먼지 등 타이완의 각종 재난과 사회문제 해결을 위해 데이터 아카이빙과 시각화 등 시빅 해킹 활동을 두루 펼친 이력을 갖고 있다. 그는 코로나19 국면에서도 타이완 정부의 공공 데이터를 활용한 마스크 재고 정보 플랫폼을 구축해 제공했고, 한국 등 여러 나라의 마스크 실시간 재고 앱 제작에 영향을 미친 것으로 알려져 있다.

국내에서 데이터 민주주의 혹은 '시빅 해킹' 운동이 아직은 미력하지만, 꾸준히 성장하고 있다. 이들의 개입 방향은 주로 중앙정부나 지자체가 만들어내는 공공 데이터에 대한 시민사회, 대학, 비영리 단체의 정보 접근, 공유, 활용을 높이는 쪽으로 맞춰져 있다. 정부나 기관에 대한 재정 의존도를 낮추면서도, 공익 목적의 시민 데이터 권리를 신장하려고 애쓴다.

물론 이 또한 문제가 없는 것은 아니다. 예컨대, 디지털 해커와 개발자 중심의 전문가 활동이 대체로 중심에 놓이면서, 기술 엘리트주의적 속성을 보이기도 한다. 디지털 코딩 기술을 주 종목으로 삼다 보니 그 인접 영역에서 활동하는 적정기술 운동이나 하드웨어 제작문화 등과의 기술 협력이나 사회연대 고리가 미약하기도 하다. 일반 시민 대상 사업 지향으로 인해, 기실 자본주의 기술의 정치경제학 비판이나 실천에 소홀한 측면도 존재한다. 다른 무엇보다 데이터의 사유화와 오남용이 심각한 우리 현실에서 보자면, 데이터의 주류 상업 질서를 직접 거슬러 대안 기술의 흐름을 만들어낼 수 있을지는 지금으로서는 회의적이다.

개인 리터러시와 기술 역량을 넘어

시민 자율과 자치의 과학기술 상상력을 발휘해 각종 사회문제에 해결책을 제시하는 현장 기술 실험들은 유효하고 장려될 일이다. 다만 우리 사회 주류 질서가 과학기술을 욕망하고 폭주하는 것에 비해, 이를 강력하게 제어하고 기술 대안을 제시할 혁신 실험과 개입의 '시민력'이 턱없이 부족하다는 근본 문제가 있다. 과학기술의 자본주의적 사유화와 반생태적 경향에 '시빅 해커'와 '시민 과학자'들 스스로 현장 감시자이자 실천가로 단단히 서지 못하면, 그들의 시민 활동은 그저 조직 내부 기능 개선이나 기술 효율성의 확보 정도에 머물 수도 있다.

타이완의 오드리 탕은 디지털 시대에 스마트 기기를 잘 쓰고 잘 다루는 '멀티태스킹' 능력보다 정보 생산자가 지녀야 할 능력, 즉 '데이터 역량data competency'을 강조한 적이 있다. 정작 우리에게 필요한 리터러시(문해력)가 무엇인지를 정확히 지적한다는 점에서 옳다. 하지만 이보다 근원적 문제가 있다. 즉, 우리 사회 설계에 착종된 자본주의적 통제 기술들의 풍경에 대한 시민 대항력의 구성이다. 이를테면, 하이테크 터치스크린 중심의 천편일률적인 도시 속 기술의 과잉 배치와 같은 우리 사회의 기술 도입과 수용의 과속과 기술 폭식 문제를 재점검할 필요가 있다.

기술 권력의 문제는 곧 기술을 오남용하는 사회에 대한 급진 정치적 개입이나 기술 실천과 연결되어야 문제의 해결 지점이 보인다. 이 점에서 개인의 데이터 역량을 키우는 것만으로는 부족하다. 기술에 대한 개인 성찰 능력에 더해, 묵은 기술과 새로운 기술의 도시설계 속 배합과 앙상블, 거의 모든 연령과 세대에 두루 친숙한 기술의 보편적 접근과 사회 공통의 보편적 '기술 감각' 마련, 사회적으로 민감한 기술 도입 시 시민 숙의 과정의 정례화, 풀뿌리 대안 생태 기술의 장려 등 기술 대안의 상상력을 동시다발적으로 창안해내야 한다. 개인 리터러시나 기술 역량을 넘어서, 우리 사회에 시민 공동의 호혜적 전망을 지닌 '기술 정치학'이 필요한 이유다. 이는 내리 앞만 보고 미친 듯 폭주해왔던 과학기술의 '말머리'를 돌려 시민 공동의 기술민주주의적 기초를 차분히 모색하는 일이기도 하다.

성장의 욕망에서
공생의 기술로

첨단기술에 녹아 있는 욕망

언제부터인지 기술은 사회문제의 만능 해결사가 되었다. 우리 사회는 갈수록 기술에 관대해지고 심지어 폭식하는 경향까지 보인다. 한국 경제의 압축 성장과 발전에서 보여주었던 기술 효능감이 이제는 일종의 '기술 물신'이 되어 자리 잡았다.

서울 광화문 시민들의 촛불시위로 탄생했던 문재인 정부는 정치 혁명 대신 전 세계 어디에도 없던 '4차산업혁명위원회'라는 것을 탄생시켰다. '혁명'위원회는 '포용 사회' 대신 닷컴 비즈니스를 선택했다. 뒤이어 코로나19 충격 속에 경기 부양책 '한국형 뉴딜'이 등장했다. 비상시국 국가 정책으로 디지털 뉴딜과 그린 뉴딜을 양대 축으로 삼았지만, 이 대규모 국가 사업에서 생태주의나 약자 돌봄의 전망은 크게 찾기 어려웠다. 처음부터 디지털 뉴딜을 통한 경제 '선도 국가'로 도약하는 일만이 국가의 관심사였다. 여기에 그린 뉴딜은 디지털 뉴딜을 위해 '덤'이나 구색처럼 삽입되었다. 윤석열 정부의 '디지털 경제 패권 국가'의 슬로건도 다르지 않다. 더 하면 더 했지 디지털 전환의 목푯값은 흔들리지 않았다. 그렇게 첨단기술 성장의 욕망 안에서 모든 것이 녹아내리고 있다.

　　인류 문명사에서 기술이 물질 풍요의 근간이 되었다는 것을 부정하기 어렵다. 하지만, 비이성적인 광기와 생명 파괴 현장에서도 인간의 기술은 늘 함께했다. 가령, 수많은 전쟁과 인종청소에 쓰였던 대량살상무기 개발은 물론이고 사적 탐욕 아래 '저렴한 자연'을 수탈하는 데 활용되었던 독성의 산업 기술 장비와 시설, '산노동'의 착취를 극대화하는 자동화 공정 등을 떠올려보라. 기술은 인간 문명을 일구는 근간이었지만, 동시에 비이성적 폭력과 전쟁, 산업 경쟁, 산노동 착취, 자연 수탈과 파괴 등에 끊임없이 동원되었다.

소셜미디어 플랫폼의 알고리즘 논리

우리 사회 기술의 위상을 다시 정리해보자. 기술은 사회 조직과 관계를 구성하는 주된 논리로 등극했다. 과거에는 생산 공정과 시장 효율의 영역에만 머물던 기술이 정치와 여론을 조작하고 관계의 정서에 영향을 미치고 있다. 다시 말해 '소셜'미디어 플랫폼의 알고리즘 논리가 일상 사회의 규칙이 되고 사회 정서를 뒤덮고 있다. 사회 현실이 빅테크의 지능형 기술 네트워크 질서에 의해 재구축되고 있다. 사람들의 '사회' 감각이 플랫폼 기업이 코딩한 '소셜' 감각으로 대체되는 형국이다.

국내에 코로나19 충격이 닥치자, 더 나아가 기술은 신앙처럼 군림하게 되었다. 코로나19가 팬데믹이 되면서 바이러스 방역이 재난 사회의 중심 목표가 되었고, 그 어느 때보다 디지털 기술 의존형 사회안전망이 확대되었다. '사회적 거리 두기'를 강조하면서 신체 접촉 없는 전자 소통 방식이 사회관계의 기본이 되었다. 게다가 바이러스 없는 청정한 소비시장 요구로 인해 인공지능 무인 자동화 서비스의 보급 또한 크게 늘었다. 우리 사회의 첨단기술의 활용 밀도가 한층 깊어진 것이다.

대한민국 현실 정치를 오염시키는 기술 과잉의 사례 또한 만만찮다. 최근까지 우리 사회에서 플랫폼 기업의 알고리즘은 가짜뉴스와 극단의 포퓰리즘 정서로 대중을 디지털 격자 안에 나누고 가두는 이른바 '정치적 부족주의' 문제를 야기해왔다. 2022년 대선을 앞두고 각 당 후보들이 실물을 모사한 딥페이크 인공지능 기술을 활용해 논란이 된 적이 있었다. '인공지능 윤석열', '명탐정 이재봇' 등 유력 대선후보를 꼭 빼닮은 인공지능 아바타 정치인을 마주하기도 했다.

이 사례는 대중의 주목과 시선을 끄는 데 멈추지 않는다. 현실 정치인에 대해 지녔던 유권자의 생각이나 판단을 흐리는 데 기술이 장차 어떻게 공모할 수 있을지를 암시한다. 아바타 정치인의 범람은 '가짜뉴스'의 유사 사례가 될 수 있다. 신기술 알고리즘과 딥페이크 이미지로 세련되게 치장한 가상의 기술정치가 부각될수록, 역설적으로 우리 현실 정치문화의 빈곤이 더 패인 채로 드러나고 있다.

그렇게 우리 사회에서 갈수록 기술은 물리적 세계의 실상과 모순을 덮거나 그럴듯하게 포장하는 데 효과적인 수단이 되고 있다. 빅테크와 연예기획사 중심의 '메타버스'는 우리 사회의 '제4차 산업혁명' 열풍을 퇴색하게 할 정도로 가상 자산의 노다지이자 장밋빛 기술시장의 전망이 되었다. 이렇듯 기술이 우리 사회의 절대 권력이 되었으나, 여전히 우리는 기술의 존재 양식이 어떠해야 할지에 대한 진지한 물음을 던지지 못하고 있다.

IT 기술의 반환경 '독성' 효과

우리 사회에서 기술은 이제 인류 구원의 상징으로 행세하려고 한다. 기술 진보가 곧 기후 위기를 해결하고, 모순된 듯 보이는 '녹색(저탄소) 성장'의 과업까지도 이루어낼 것으로 각광받는다. 주류 사회는 과학기술로 야기된 기후 위기와 온실가스 문제를 경솔하게도 또 다른 과학기술로 돌려막을 수 있다고 확신한다. 근대 발전주의 세계관에 갇힌 관료들은 자연 수탈과 파괴로 회복 불가능한 지구를 더 강하고 효과적인 과학기술과 원자력 발전으로 회생하자며 무책임한 허언을 남발한다.

기술은 자본주의 경제성장의 기조를 그대로 유지하면서도 환경 위기를 해결할 수 있다는 국가 주도형 녹색 성장주의, 이른바 '기후 케인스주의'의 강력한 구원투수가 되고 있다. 기술 혁신을 통해 성장과 환경이 함께할 수 있다는 신화를 우리에게 심어주고 있다. 환경 용어로 보통 이를 '탈동조화decoupling'라고 한다. 탈동조화는 붙은 것을 서로 떼어내어 분리한다는 의미다. 즉, 인간이 첨단기술을 잘만 동원하면 경제성장이 환경에 미치는 온실가스 효과를 쉽게 떼어낼 수 있다는 믿음이자 가설이다. 기술의 탈동조화 효과에 대한 믿음은 기후행동을 실천하는 쪽에서도 종종 존재한다.

2018년 '기후변화에 관한 정부간 협의체IPCC'의 「지구온난화 1.5도 특별 보고서」에서조차 기후 위기 해법으로 이산화탄소 감축안과 함께 이른바 '역배출 기술negative emission technologies'을 중요하게 다루고 있다. 이 보고서는 지구의 기온 상승 흐름을 주도하는 탄소 배출량을 마이너스로 바꾸는 역배출 기술을 주목하고 권장한다. 가령, 탄소 포집과 저장을 위해 이산화탄소를 땅속이나 바닷속에 가두는 일이 유력하게 언급된다. 더불어 유황산화물의 에어로졸을 대기 상층에 살포해 태양광을 차단하고 지구를 냉각하려는 '태양 지구공학'적 해결책도 자주 거론된다. 두 사례 모두 과학기술에 의존한 국부 수술식 위기 탈출 해법에 해당한다. 둘 다 근원적 해결책이 될 수 없음은 물론이다. 오히려 '인간중심주의anthropocentrism'의 과신과 오만이 묻어 있는 이 기술주의적 처방은 또 다른 환경 피해와 예상치 못한 심각한 부작용으로 인해 지구 생태계를 더 위험에 빠뜨릴 수도 있다.

무엇보다 디지털 기술은 청정의 무색무취한 것으로 취급되는 경향이 크다. 전통 제조업의 중화학 기반 기술과 달리 디지털 기술은 친환경 비물질 기반의 무해한 것으로 쉽게 오인된다. 하지만, 우리는 비물질이 물질을 전제하지 않고 유지되기 어렵다는 사실을 종종 잊는다. 가령, IT 쓰레기의 범람은 물론이고, 반도체 공장의 맹독성 화학물질

생산, 데이터센터의 에너지 과다 소비와 천연 냉각수 사용, 아프리카 등의 스마트 기기용 아동 노동 착취와 천연 광물 채굴로 인한 환경 파괴, 남반구 중심의 IT 독성에 노출된 노동 약자와 인권 문제 등이 복잡하게 얽혀 있다. 하지만, IT 기술이 일으키는 반환경 '독성' 효과는 우리 시야에 잘 잡히지 않는다. 세련되게 포장된 첨단기술이 자본주의 성장의 폭력성을 비가시화하는 일종의 알리바이처럼 기능하는 것이다.

'디지털 탄소 다이어트' 캠페인

최근 비트코인 채굴 등 기술의 반환경문제가 국제적 쟁점이 된 것은 늦었지만 환영할 만한 일이다. 한때 우리 정부는 '탄소 중립 생활 실천'을 강조하면서, 이른바 '디지털 탄소 다이어트'라는 대국민 캠페인을 벌이기도 했다. 디지털 기기 사용으로 발생하는 탄소 배출을 시민들 스스로 줄이자는 취지다. 장관까지 직접 나서서 불필요한 이메일을 지우고 스팸을 차단하고 정리하는 일을 독려했다.

'디지털 탄소 다이어트'는 우리가 필요 없는 이메일을 지우고 정리하면 국내 빅테크 기업의 데이터센터 과부하를 줄일 수 있고 곧 탄소 절감에 이바지한다는 가정이 깔려 있다. 논리적으로 그럴듯하나, 효과 면에서는 글쎄다. 정부의 캠페인이 쓰레기 분리수거만큼이나 일종의 '디지털 잔반' 처리에 전 국민을 동원하는 블랙코미디 현실 같은 느낌마저 든다.

　IPCC 권고로 보자면, 우리는 2030년까지 절반 수준의 탄소 감축에 이어 2050년까지 탄소 중립을 목표로 당장 기후 위기 상황을 탈출해야 한다. 그런 현실에서 '디지털 탄소 다이어트'와 같은 생활 캠페인을 하는 상황이 그저 놀라울 따름이다. "이메일 한 통이 4그램의 탄소 배출"을 할 수 있으니 이를 관리하자는 주장은 너무나도 한가해 보인다.

　세계은행 데이터에 따르면, 세계 평균 4.5톤, OECD 국가 평균 8.8톤에 비교해서도 우리 국민은 1인당 연간 평균 12.2톤의 탄소를 배출한다고 한다.[41] 세계 평균의 2배를 훨씬 초과한 수치다. 국가별 추세로 봐도 지난 30년 동안 유럽 국가들은 탄소 배출을 23퍼센트 줄였지만, 우리는 외려 140퍼센트까지 늘었다. 이 부끄러운 수치만 보더라도 우리에게 더욱 근원적인 기후 위기 해법이 필요하다. 좀 더 과감한 탈탄소 전환을 도모하는 환경 정책, 특히 기술과 관련해서는 기업 IT 독성과 공해 규제책 마련이 절실한 상황이다.

　'디지털 탄소 다이어트' 캠페인은 환경 책임의 분산

효과까지 거둔다. 기업과 부자 등 상위 10퍼센트가 절반 이상의 탄소 배출에 책임이 있다는 사실은 어디에도 기록되지 않는다. 한 국가의 전력 소모량을 능가하는 비트코인 채굴로 인한 전력 낭비 문제나 전 세계 IT 기업 탄소 배출의 70퍼센트 정도가 기업의 데이터센터 활동에서 발생한다는 것 또한 언급조차 없다.

이를 대신해 정부 캠페인은 시민의 이메일과 스팸이 닷컴기업들의 데이터센터에서 발생하는 전력 과다 소비에 일조할 수 있다며 시민 각자의 환경 개선 책임론을 제기한다. 닷컴기업의 데이터센터가 우리 환경에 미칠 영향 평가조차 제대로 이루어지지 않은 상황에서 말이다. 게다가 동참하는 시민들에게는 뭔가 환경 개선에 이바지한다는 착각까지 줄 공산이 크다. 이메일과 스팸 정리 수준에서 쉽게 환경 실천이 가능한 것처럼 기후 위기의 사안을 호도하는 효과까지 거둔다.

공생과 호혜의 생태주의적 기술

'기술적 전가'라는 말이 있다. 이는 엘리트 관료나 기업이 신기술을 당면한 환경문제의 해결책인 양 제시하는 행위를 지칭한다. 실제 기술은 환경 개선보다는 질 나쁜 방식으로 남용되는 경향이 크고, 더 나아가 부국이 빈국에 환경 비용을 전가하면서 자본주의 모순의 골이 더 깊게 패이는 경향이 크다.[42] 불행히도 우리는 아직 동시대 기후 위기 상황을 '전환'의 계기로 진지하게 받아들이지 못하고 있다. 즉, 기후 위기를 또 다른 성장의 기폭제로만 삼으려는 기술적 전가 현상만이 지배적이다.

이제부터라도 우리 사회 기술의 제자리를 찾아야 하지 않을까? 우리는 기후 위기와 기술 열광의 이면을 성찰하거나 자본주의 기술의 위상을 심각히 따져보는 데 너무 무심했다. 기술은 늘 당연하게 주어지는 것이고 가치 중립적이고 우리 삶에 늘 이로운 것으로 착각했다. 오늘날 신기술의 본질은 그것이 물질계의 생명에 남긴 후유증이 무엇인지를 비판적으로 살펴야 제대로 보인다.

우선은 청정의 비물질인 양 가장하는 첨단기술이 환경에 미치는 독성 효과를 풀 방도를 마련해야 한다. 이는 기술의 반생태적 속성을 밝히는 일과 연결되어 있다. 환경과 기술의 통합적 논의 없이 기후 위기 문제를 근본적으로 풀기 어렵다. 동시에 플랫폼 알고리즘 등 디지털 기술이 노동자와 시민의 심신에 미치는 '독성'의 제거 방법 또한 찾아야 한다. 이는 공생과 호혜의 생태주의적 기술을 모색하는 일과 다름없다.

성찰 없는
기술주의

숭배와 탐욕

　이 순간에도 세계는 코로나19 신종 변이 바이러스 '오미크론'과 그것의 하위 변이 BA2.75, BA4, BA5의 또 다른 연쇄 바이러스 출현으로 인해 깊은 딜레마에 빠졌다. 터널의 끝이 보일까 싶었는데 어두운 긴 터널이 이어진다. 아프리카에서는 백신 부족으로 변이를 거듭했던 코로나19 바이러스가 이제 백신 이기주의로 뭉친 선진국에 상륙하면서 부메랑이 되는 형국이다.

　코로나19가 장기화할수록 사안의 본질은 점점 '자

본주의'의 문제로 귀결되고 있다. 코로나19 충격은 처음부터 '인수공통감염병'의 문제였다. 그것의 근원에 자본주의의 '저렴한 자연'의 수탈 체제와 각자도생의 인간 탐욕이 자리하고 있다는 것을 다시 확인해주었다. 코로나19 방역에서도 지구 불평등 문제는 그대로 이어졌다. 적어도 백신 보급 부족으로 인해 악화한 생존 조건은 최근 그 어느 곳보다 빈곤국과 생태 약자를 먼저 삼키고 있다. 진정 우리는 코로나19의 문명사적 교훈을 제대로 받아들이고 있는 것일까?

불행히도 대부분 우리는 동시대 위기 상황을 생태 전환의 계기로 진지하게 받아들이지 못하고 있는 듯싶다. 적어도 지금의 위기 상황을 성찰하는 데 우리는 무엇보다 자본주의 기술의 위상을 심각히 따져보는 데 불철저했다. 다시 말해 오늘의 기술은 성장 숭배의 대상이 되거나 그 어떤 사회적 책임에서도 면책된 중립적 지위를 누리고 있다. 인류를 이롭게 한다는 기술이 갈수록 인간의 심신을 크게 다치게 하거나 반환경적이 되어가는데도 우리는 이에 쉽게 면죄부를 주었다. 특히 대기업의 신기술이 사회 혁신으로 등치되는 우리 사회에서는 더욱 그러했다.

신생 청정 기술의 독성

오늘날 과학기술로 촉발된 자동화(사회)와 인공화(자연)의 기술 과잉은 지구 생태계 전체에 심각한 '독성' 문제를 일으키고 있다. 일반적으로 물질의 기술 독성은 생명 전체에 느리게 퍼지며 물리적 외상을 주지만, 디지털 기술과 같은 비물질 독성은 인간의 생체리듬과 심리는 물론이고 사회 저변에 박혀 있어 잘 드러나지 않는 내상까지 입힌다는 점에서 좀더 주의가 필요하다. 향후 물질계와 비물질계를 가로지르는 디지털 기술 독성의 문제를 어떤 대안을 갖고 전면적으로 대응할 수 있을지가 관건이 될 것이다.

단순히 기술 그 자체만 보고 그 방향을 틀거나 재구축하는 일은 불가능하다. 자본 인클로저, 계급, 노동, 불평등의 자본주의 모순과 깊게 얽힌 기술의 사회적 합성 상태를 주목해야 한다. 그래서 기술 전환은 기술 체제의 대안 구상과 결합한 대전환이어야 한다. 무엇보다 물질계와 비물질계에 걸쳐 신생 청정 기술이 품은 독성의 실체에 대한 가시화 노력이 동반될 때, 동시대 기술 과잉과 기후 재난에 맞서는 생태 대안의 집합적인 상상력이 가능하다.

오늘날 첨단 과학기술의 내재적인 독성은 구체적 대상물에서 쉽게 찾거나 추적하기 어렵고 그것의 전체 생태 순환계나 인프라 체제를 파악하지 않고는 그것의 환경 오염이나 탄소 배출, 사회 병리의 효과를 가시적으로 판단하기 어렵다. 가령, '전 생애 주기 평가Life Cycle Assessment'는 기술 '독성'을 총체적으로 파악하는 유효한 환경 평가 방법론이다. 전기차 등 기술적 대상의 전체 생애 주기를 종합적으로 읽어내야 숨어 있는 탄소 배출로 인한 지구 폐열廢熱의 포괄적인 실체를 파악할 수 있다. 즉, 채굴, 제련, 제조, 유통, 소비, 폐기(리사이클·업사이클 포함), 분리 등 전 생애 주기에 걸친 순환 과정을 따져야 그것이 지닌 기술 독성의 숨겨진 흐름까지도 놓치지 않고 추적할 수 있다.

빅데이터 처리 기술처럼 무형의 비물질 기술로 보이는 것도 '전 생애 주기 평가'는 유효하다. 이를테면, 데이터 수집, 인공지능 처리, 알고리즘 분석, 플랫폼 유통, SNS 소비, 클라우드 보관, 실시간 데이터 감시 등이 시민의 활동·노동 수행, 사회 공통 감각, 주체의 생체리듬과 자의식에 미치는 디지털 활동의 독성화 전체 과정을 입체적으로 파악하는 일이 가능하다. 물론 디지털 기술에도 물리적 기술 인프라를 동반하기에 IT 물성이 지닌 독성 관찰이 필수적으로 연계될 필요가 있다.

생태 기술과 공생 기술

디지털 기술 독성에 대한 시급한 해독의 방법론을 찾는 일과 함께, 우리의 남겨진 과제는 기술의 방향을 어떻게 가져갈 것인지의 문제다. 나는 미래 기술의 방향을 줄곧 '생태 기술'과 '공생 기술'에서 찾았는데, 여기에서는 기술 독성의 맥락에서 이 2가지 기술의 방향을 주목하고 싶다.

'저렴한 자연'의 자본주의적 수탈과 인클로저, 그로 인한 기후 재난 상태를 벗어나기 위해서는 먼저 '생태 기술ecological technology'에 주목해야 한다. 생태 기술은 무엇보다 급박한 기후 위기의 근원이기도 한 화석 자본주의의 극복을 위한 급진적인 기술 대안이 될 것이다. 생태 기술은 기술만능주의에 기대어 개발되거나 녹색 위장술에 동원되는 그런 종류의 것이 되어서는 곤란하다. 생태 기술의 궁극적인 기능은 생태 사회로 전환하기 위한 활성화 기제로 작용한다는 점에서 성장 신화에 매달린 기술들과는 질적으로 달라야 한다.

생태 기술은 현실 자본주의의 화석 원료 중심의 '저렴한 자연'의 파괴와 수탈에 근거한 성장주의의 모순을 극복하기 위해 힘쓰는 데 제 역할을 찾는다. 현실적으로 생태 기술의 개발과 적용은 국가의 제도·정치와 환경 기술 정책에 크게 의존할 공산이 크고, 궁극적으로는 급진적 정치

실험과 조응할 때 그 구체적 상이 더 또렷해질 것이다. 생태 기술의 주요 방향은 지구 생태에 만연한 화석 자본 기술의 독성을 제거하고 기술의 공진화共進化를 어떻게 이루어 낼 것인지에 집중해야 한다.

기술은 생태주의적인 체제 전환의 매개체이기도 하지만, 생태적 공존을 위한 관계의 매개체이기도 하다. 여기서 기술은 돌봄의 기술이자 '공생 기술convivial technology'에 가깝다.[43] 공생 기술은 자본주의의 폭력적인 인클로저 과정에서 누락된 인간·비인간 생태 약자의 종 연대와 돌봄의 한가운데에서 기술의 용도를 찾는 일에 해당한다. 공생 기술은 자본 인클로저의 도구가 아닌 생태 약자 사이의 공동생산과 협력의 조직체인 '커먼즈' 도구로서 기술의 역할을 찾고 있다고 볼 수 있다. 이는 주로 빅테크 플랫폼 독점 경향에 대항해 시민이 주도하는 기술 경로 변경의 요청이기도 하다. 더불어 장기화할 기후 재난 속 희생을 강요받는 '코로나19 난민'과 '기후 난민'의 공동체적 안전망을 꾀할 수 있는 기술 설계의 호혜적인 전환을 의도한다.

공생 기술은 하나의 기술적 대상an artifact을 지시하기도 하지만, 이것이 모여 이룬 집합적·생태주의적 사회 설계 혹은 '에코디자인ecodesign'에 대한 전망에 가깝다. 가령, 플랫폼의 승자독식 구조를 벗어나 산노동에 친화적인 플랫폼 장치의 호혜주의적 재설계와 재구축을 모색하려는

'플랫폼 협동주의platform cooperativism'는 아직은 불완전할
수 있어도 공생 기술의 시도로 봐줄 만하다. 그 외에도 기
술의 본성을 성찰적으로 이해하기 위한 닫힌 기술의 재설
계 과정인 '비판적 제작critical making', 디지털 기술을 매개
한 시민 주도의 디지털 민주주의의 실험인 '시빅 해킹', 공
생 기술의 토양을 세우기 위한 시민들의 '기술-생태 문해
력techno-ecological literacy' 교육 운동은 다층적으로 시도되
어야 한다. 이들 각각이 일정 부분 한계를 지닐 수 있다고
하더라도, 오늘날 완고한 자본주의의 기술 인클로저를 무
너뜨리기 위해서는 이들 기술 대안의 실험이 폭넓게 도모
되어야 할 것이다.

생태 패러다임으로 전환하기

지금도 기술의 도구주의적 접근을 통한 국가 전
환과 발전의 의제가 별 숙고 없이 끝없이 생성된다. "기술
이 버릇이 없지만, 매우 영리한 자손들을 어떻게든 구하러
올" 것이라는 허황된 기술 신앙에 매달린 인간의 어리석음
때문이리라.[44] 오늘날 기후 위기 현실에서 기술 낙관론에
의지한 인간 오만의 기술 해법과 지향은 전혀 당면한 사회
문제를 타개하는 해법이 되지 못한다. 이제는 청정의 해가

없는 것으로 추앙되는 디지털 기술의 독성에 대한 '리얼리즘'적 접근이 필요하다.

　기후 위기 국면은 점점 우리에게 백신 접종이 완료되는 시점을 바이러스 재난의 종료로 볼 수 없다는 사실을 일깨운다. 근원적인 생태 문제 해결에 대한 성찰적 논의와 대응이 뒤따라야만 한다고 말이다. 하지만 여전히 해법은 어긋나 있고 또 다른 성장을 위한 알리바이만이 활개를 친다. 그 한가운데 기술의 도구주의적인 위상 문제가 도사린다.

　이제 우리에게 남겨진 과업은 먼 미래에 대한 자조 섞인 낙관이나 비관의 이분법적 진단이어서는 곤란하다. 생태 패러다임으로 전환하기 위해 자연-사회 생태계에 걸쳐, 생태 기술과 공생 기술의 문제를 전면화한 채 인공-자연, 생명-기계, 가상-실제, 물질-비물질 사이의 기술 배합 비율을 적정 수준에서 조절하는 일을 시작해야 한다. 그것이 지구 곳곳에 만연한 기술 독성을 치유할 자율 능력을 우리 스스로 익히는 길이기도 하다.

1 기욤 피트롱, 양영란 옮김, 『프로메테우스의 금속: 희귀금속은 어떻게 세계를 재편하는가』, 갈라파고스, 2021년, 79쪽.

2 인터넷 자유주의자를 대표해 존 페리 발로(John Perry Barlow)가 쓴 「사이버공간 독립선언문」은 아직도 인터넷에서 흔하게 발견될 정도로 널리 퍼져 있고, 이 선언문에 동조한 전 세계 누리꾼들에 의해 여러 언어로 자발적으로 번역되기도 했다. 이 선언문의 번역은 한국어판 위키백과(https://ko.wikipedia.org/wiki/사이버스페이스_독립선언문)에서 참고할 것.

3 김수영, 「이수만 "SM 신인 에스파, 현실과 가상의 경계 초월…혁신적 그룹"」, 『한국경제』, 2020년 10월 28일.

4 「월간 커넥트: 글로벌 메가 히트 프로듀서 이수만이 말하는 K-POP의 미래」, 『tvN』, 2021년 2월 1일. https://youtu.be/-WfL9JX9cgU

5 이광석, 『사이방가르드』, 안그라픽스, 2010년, 60쪽.

6 올더스 헉슬리, 이덕형 옮김, 『멋진 신세계』, 문예출판사, 1998년. 이 책의 제목에 빗대어 묘사했다.

7 정상혁, 「"훈민정음이 1억 원"…NFT 시장 매물로」, 『조선일보』, 2021년 7월 22일.

8 문희철, 「"이루다 논란은 AI 서비스 고도화 위한 불가피한 시행착오"」, 『중앙일보』, 2021년 1월 12일.

9 Alice E. Marwick & Danah Boyd, 「I tweet honestly, I tweet passionately: Twitter users, context collapse, and the imagined audience」, 『New Media&Society』, 13(1), 2011, pp.114~133.

10 Carl Benedikt Frey & Michael Osborne, 「The future of employment: How susceptible are jobs to computerization?」 (Working paper), Oxford Martin Programme on Technology and Employment, 2013. https://www.oxfordmartin.ox.ac.uk/downloads/academic/future-of-employment.pdf

11 World Economic Forum, 「The future of jobs 2016 employment trends」, 2016. https://reports.weforum.org/future-of-jobs-2016/employment-trends/

12 박정훈, 「한번도 경험 못한 '신체제 자본가'들이 출현했다」, 『조선일보』, 2021년 2월 26일.

13 박정훈(라이더유니온 위원장), 「플랫폼 배달 노동과 국내 알고리즘 기술 통제 경향」, "전문가 자문 포럼 기획 2: 아시아 플랫폼 유령 노동", 2021년 2월 2일.

14 Jana Kasperkevic, 「Google says sorry for racist auto-tag in photo app」, 『The Guardian』, July 1, 2015.

15 Jessica Fjeld, Nele Achten, Hannah Hilligoss, Adam Nagy, and Madhulika Srikumar, 「Principled Artificial Intelligence: Mapping Consensus in Ethical and Rights-Based Approaches to Principles for AI, Berkman Klein Center Research Publication No. 2020-1」, January 15, 2020.

16 칼 베네딕트 프레이, 조미현 옮김, 『테크놀로지의 덫: 자동화 시대의 자본, 노동, 권력』, 에코리브르, 2019년.

17 안재원·오민규·이문호·황현일, 「민주노총 총서 2020-12: 전환기 자동차 산업 대안 모색 연구」, 2020년.

18 안재원·오민규·이문호·황현일, '제5장 해외 사례: 전환시대, 독일 금속노조의 대응', 「민주노총 총서 2020-12: 전환기 자동차 산업 대안 모색 연구」, 2020년.

19 Susanne Dirks & Mary Keeling, 「A vision of smarter cities: How cities can lead the way into a prosperous and sustainable future」, IBM Institute for Business Value, 2009.

20 찰스 페로, 김태훈 옮김, 『무엇이 재앙을 만드는가?: '대형 사고'와 공존하는 현대인들에게 던지는 새로운 물음』, RHK, 2013년.

21 미셸 푸코, 오생근 옮김, 『감시와 처벌: 감옥의 탄생』(번역개정 2판), 나남, 2020년.

22 이광석, 「'인류세' 논의를 둘러싼 쟁점과 테크노-생태학적 전망」, 『문화/과학』, 2019년 봄호(제97호), 22~54쪽 참고.

23 나오미 클라인, 김소희 옮김, 『자본주의는 어떻게 재난을 먹고 괴물이 되는가』, 모비딕북스, 2021년.

24 마이크 데이비스, 「특별 기고: 2020년, 전염병의 해」, 『코로나19, 자본주의의 모순이 낳은 재난』, 책갈피, 2020년, 16~27쪽.

25 Emily Barone, Lon Tweeten, Chris Wilson & Tara Law, 「The Coronavirus Pandemic Has Caused Carbon Emissions To Drop」, 『Time』, July 9, 2020.

26 John Bellamy Foster, 「On Fire This Time」, 『Monthly Review』, vol.71, no.6(November 2019), pp.1~17. 이 글에서 '기후 케인스주의'의 비유를 가져왔다.

주

27 Geert Lovink, 『Stuck on the Platform』, Amsterdam: Vaiiz, 2022.

28 이마누엘 칸트, 백종현 옮김, 『판단력 비판』, 아카넷, 2009년.

29 해나 아렌트, 이진우·태정호 옮김, 『인간의 조건』, 한길사, 1997년.

30 도나 해러웨이, 황희선 옮김, 『해러웨이 선언문: 인간과 동물과 사이보그에 관한 전복적 사유』, 책세상, 2019년, 123~124쪽.

31 이광석, 「1장 전자 미디어와 디지털 주체의 탄생」, 『포스트디지털: 토픽과 지평』, 안그라픽스, 2021년 참고.

32 미치코 가쿠타니, 김영선 옮김, 『진실 따위는 중요하지 않다』, 돌베개, 2019년, 72쪽.

33 Tiziana Terranova, 「The City is a Technosocial Medium」, 『디지털 시티스케이프 지도 그리기: 1970년대 한국의 공간 구상부터 디지털 크로노토폴로지까지』(2021년도 서울시립대 도시인문학연구소 제18회 국제학술대회 자료집), 서울시립대학교 도시인문학연구소, 2021년, 42쪽.

34 김내훈, 『프로보커터: 주목 경제 시대의 문화정치와 관종 멘털리티 연구』, 서해문집, 2021년 참고.

35 에이미 추아, 김승진 옮김, 『정치적 부족주의』, 부키, 2020년, 17~18쪽.

36 샹탈 무페는 이와 같은 증오와 배제의 정치적 부족주의를 '우파 포퓰리스트'의 주된 특징으로 본다. 그에 따르면, "이들은 평등을 위한 요구는 언급하지 않고, 국민(nation)의 정체성과 번영에 위협적인 것으로 여겨지는, 보통은 이민자들인, 수많은 범주를 배제하는 '대중'을 구성한다". 샹탈 무페, 이승원 옮김, 『좌파 포퓰리즘을 위하여』, 문학세계사, 2019년, 42쪽.

37 마르타 페이라노, 최사라 옮김, 『우리의 적들은 시스템을 알고 있다』, 시대의창, 2021년, 202쪽.

38 김병권, 『진보의 상상력』, 이상북스, 2021년, 227쪽.

39 김곡, 『과잉 존재』, 한겨레출판, 2021년, 154쪽.

40 이광석, 『디지털의 배신』, 인물과사상사, 2020년.

41 세계은행 오픈 데이터 중 이산화탄소 배출량(1960~2018년) 측정값. https://data.worldbank.org/indicator/EN.ATM.CO2E.PC

42 사이토 고헤이, 추선영 옮김, 『마르크스의 생태사회주의: 자본, 자연, 미완의 정치경제학 비판』, 두번째테제, 2020년.

43 '공생' 혹은 '공생공락(conviviality)' 개념은 사상가 이반 일리치(Ivan Illich)의 『Tools for Conviviality』(New York: Harper and Row, 1973: 이반 일리치, 박홍규 옮김, 『절제의 사회』, 생각의나무, 2010년)의 개념 틀에서 가져왔다.

44 도나 해러웨이, 최유미 옮김, 『트러블과 함께하기』, 마농지, 2021년, 11쪽.

찾아보기

디지털
폭식 사회

ⓒ 이광석, 2022

초판 1쇄 2022년 11월 18일 펴냄
초판 2쇄 2023년 5월 4일 펴냄

지은이 | 이광석
펴낸이 | 강준우
기획·편집 | 박상문, 김슬기
디자인 | 최진영
마케팅 | 이태준
인쇄·제본 | 제일프린테크

펴낸곳 | 인물과사상사
출판등록 | 제17-204호 1998년 3월 11일

주소 | (04037) 서울시 마포구 양화로7길 6-16 서교제일빌딩 3층
전화 | 02-325-6364
팩스 | 02-474-1413

www.inmul.co.kr | insa@inmul.co.kr

ISBN 978-89-5906-652-0 03300

값 17,000원

이 도서는 한국출판문화산업진흥원의 '2022년 우수출판콘텐츠 제작 지원' 사업
선정작입니다.